Liebe Eltern,

mit diesem Büchlein haben Sie mehr als eine der üblichen Diktatsammlungen erworben, denn es zeigt Ihnen verschiedene Wege, wie Sie die Rechtschreibkenntnisse Ihres Kindes verbessern können. Je nachdem, wie gründlich Sie mit Ihrem Kind arbeiten wollen, lassen sich verschiedene Wege einschlagen:

- Am einfachsten ist, Sie beschränken sich - wie üblich - darauf, die Texte zu **diktieren** und sie hinterher gemeinsam mit Ihrem Kind zu verbessern. Sie haben dann eine **Leistungsfeststellung** getroffen. Der Lernerfolg ist allerdings gering.
- Darüber hinaus haben Sie die Möglichkeit, die Kenntnis der **schwierigsten Wörter** eines Diktats (sie stehen jeweils **unter dem Text**) immer wieder zu überprüfen, indem Sie sie von Zeit zu Zeit diktieren.
- Zusätzlich gibt es zu den einzelnen Diktaten **Übungen**, die Probleme der Rechtschreibung im jeweiligen Text aufgreifen. Ihr Kind kann alleine arbeiten.
- Ein **wichtiger Hinweis**: Sie können eine **Lernkartei** anlegen, damit kann Ihr Kind sich **die richtigen Wortbilder einprägen**. Genaue Hinweise dazu finden Sie in *Hauschka Lernhilfe Nr. 243, Diktate 3./4. Klasse.*
- Als Anhang gibt es eine **Wörterliste** mit Wörtern, die zu den am häufigsten vorkommenden unserer Sprache gehören und die zugleich oft falsch geschrieben werden. Sie sollten besonders geübt werden.

Wenn Sie über die **Einsatzmöglichkeiten** der Diktatsammlung **Genaueres** erfahren wollen, so lesen Sie bitte die **kurz gefassten Hinweise** dazu auf den Seiten 74 bis 77.
Auf eine große Anzahl von Diktaten wurde verzichtet, weil anderenfalls erfahrungsgemäß nur ein Teil diktiert werden würde.
Ein Hinweis zum Schluss: Übertreiben Sie nicht - 15 Minuten Arbeitszeit pro Tag genügen. Ich wünsche viel Erfolg bei der Arbeit mit dieser Diktatsammlung!

Hallo, liebe Schülerinnen und Schüler!
Ehe ihr euch in die Arbeit stürzt, ein paar wichtige Hinweise:

- Das Zeichen ✎ bedeutet:
  Hier ist eine **schriftliche Aufgabe** zu lösen.
- Die Hand ☝ sagt dir: **Gut aufpassen**!
- Ein Tipp: **Malt** die **Zeichnungen bunt aus**!
  Farbe erhöht die Arbeitsfreude.
- **Diktiert** einem Freund oder einem Mitschüler ein Diktat, das macht Spaß.

Ich wünsche euch viel Erfolg und Freude bei der Arbeit.

Gerhard Widmann

A) Diktate für die 5. und 6. Klasse

Wir sind ein Teil der Erde

1 Meine Worte sind wie Sterne, sie gehen nicht unter. Jeder Teil dieser Erde ist meinem Volk heilig, jede glitzernde Tannennadel, jeder sandige Strand, jeder Nebel in den dunklen Wäldern, jede Lichtung, jedes summende Insekt ist heilig in den Gedanken und Erfahrungen meines Volkes. Der Saft, der in den Bäumen steigt, trägt die Erinnerung des roten Mannes. Die Toten der Weißen vergessen das Land ihrer Geburt, wenn sie fortgehen um unter Sternen zu wandeln. Unsere Toten vergessen diese wunderbare Erde nie, denn sie ist des roten Mannes Mutter. Wir sind ein Teil der Erde und sie ist ein Teil von uns. Die duftenden Blumen sind unsere Schwestern, die Rehe, das Pferd, der große Adler – sind unsere Brüder. Die felsigen Höhen, die saftigen Wiesen, die Körperwärme des Ponys – und des Menschen –, sie gehören alle zur gleichen Familie. (141 Wörter)

(Ausschnitt aus einem Text, der auf eine Rede zurückgeht, die der Häuptling Seattle vor dem Präsidenten der Vereinigten Staaten von Amerika im Jahre 1855 gehalten hat, als sein Volk, die Duwamish, sein Land an weiße Siedler verkaufen sollte.)

Benotungs-vorschlag	Fehler	0-1	2-3	4-6	7-10	11-15	ab 16
	Note	1	2	3	4	5	6

Schwierige Wörter und Satzteile:

jede gli**tz**ernde Ta**nn**e**nn**adel – in **d**un**kl**en W**ä**ldern – die **T**oten der **Weiß**en – **E**ri**nn**erung – Po**n**y – die **f**elsigen **H**ö**h**en – **E**rfa**h**rung – for**t**gehen – jedes su**mm**ende Inse**k**t – ein **T**eil – **G**edanke – **L**ichtung

Übungen und Regeln

S e t z e *fort* mit Zeitwörtern (Verben) z u s a m m e n :

fahren	→	fortfahren	*pflanzen*	→	______
setzen	→	______	*schicken*	→	______
werfen	→	______	*bleiben*	→	______

Wörter, die auf *-ung* enden, schreibt man **groß**.
S c h r e i b e so:

erinnern	→	Erinnerung	*retten*	→	______
erfahren	→	______	*kreuzen*	→	______
scheiden	→	______	*heilen*	→	______

In dem Zickzackrätsel sind **vier** Eigenschaftswörter (Adjektive) bzw. Mittelwörter (Partizipien) versteckt.
S c h r e i b e sie a u f !

d n e f l i s m e d l t e n

u k l e s g u m n g i z r d

Siehe Lösungen nach Seite 44, S.①.

In dem Riesenwort stecken **sechs** Wörter aus dem Diktat.
S c h r e i b e sie a u f und a c h t e auf die Groß- und Kleinschreibung!

Lichtungponyerfahrunginsektteilgedanke

Siehe Lösungen nach Seite 44, S. ①.

Vom Raben und vom Fuchs

2 Ein Rabe hatte einen Käse gestohlen und setzte sich damit auf einen hohlen Baum, um ihn zu verzehren. Dies bemerkte ein Fuchs, lief hinzu und sprach: „O Rabe, was bist du für ein schöner Vogel! Deine Federn glänzen im Sonnenschein und deine Gestalt ist wie die des Adlers. Ist deine Stimme auch so schön, so sollte man dich zum König krönen über alle Vögel der Welt!“ Den Raben kitzelte das Lob, und er fing an zu schreien. Als er aber den Schnabel auftat, entfiel ihm der Käse. Der Fuchs sprang hinzu, schnappte ihn auf, verschlang ihn und lachte den dummen Raben aus.

(107 Wörter)

Benotungs-vorschlag	Fehler	0-1	2-3	4-6	7-9	10-13	ab 14
	Note	1	2	3	4	5	6

Schwierige Wörter und Satzteile:
er schna**pp**te ihn – als er den Schnabel auftat, en**tfie**l i**h**m der Käse – **G**esta**lt** – verze**h**ren – gl**ä**nzen – gesto**h**len – man so**ll**te – **krön**en – er se**tz**te sich – **Lob** – **Stimme**

Übungen und Regeln

S e t z e in die 1. Vergangenheit (Präteritum)!
B e a c h t e , dass Verdoppelungen erhalten bleiben!

hassen → *sie* hasste
stimmen → *es* ____________
passen → *es* ____________
sollen → *du* ____________
klappen → *es* ____________
knurren → *er* ____________
stoppen → *du* ____________
knallen → *es* ____________

V e r w a n d l e **Zeitwörter** (Verben) in **Namenwörter** (Substantive):

loben	→	*das*	Lob	*laufen*	→	*der* ________
rufen	→	*der*	________	*fallen*	→	*der* ________
spielen	→	*das*	________	*fliegen*	→	*der* ________

Wörter mit *ä* lassen sich oft von Wörtern mit *a* ableiten:

lächeln	von	lachen	*Härte*	von	h . . .
tänzeln	von	t . . . . n	*zärtlich*	von	z . . t
Schärfe	von	sch . . .	*länglich*	von	. . . .

Hier findest du **fünf** schwierige Wörter aus dem Diktattext. S e t z e sie **richtig** z u s a m m e n und a c h t e auf die Groß- und Kleinschreibung!

A	Ä	B	C	D	E	F	G	H	I	J	K	L	M	N	O	Ö	P	Q	R	S	T
		•										•			•						
					•						•			• •		•			•		
•					•		•					•								•	• •
					•				•				• •							•	•
•			•		•			•						•			• •			•	•

BLO	→	LOB	→	Lob
E	→	________	→	________
________	→	________	→	________
________	→	________	→	________
________	→	________	→	________

Siehe Lösungen nach Seite 44, S. ①.

Ein Hund war am Kaninchenstall

3 Als ich eines Morgens zu meinen Kaninchen ging, sah ich, dass es um den Kasten herum traurig aussah. Ein Hund war in der Nacht an dem Kasten gewesen und hatte versucht meine Lieblinge herauszuholen. Zum Glück war Draht vor dem Kaninchenstall gespannt, sodass (auch: so dass) es ihm nicht gelungen war meine Tiere zu fangen. Die Kaninchenmutter hockte mit ihren Kleinen ganz gekrümmt in einer Ecke. Sie sah mich verschüchtert an: Es sah aus, als ob sie mir erzählen wollte, was geschehen war. Ich fasste sie zärtlich an den Ohren. Sie beschnupperte mir die Finger. Ihre Zunge war sehr rau, sodass (auch: so dass) es mich durch und durch fror. Allmählich merkte ich, wie gut es ihr tat, von mir gestreichelt zu werden. Sie kroch aus der Ecke und lief lustig hin und her. Auch die Jungen purzelten nun wieder in dem Kasten umher.

(144 Wörter)

Benotungsvorschlag	Fehler	0-2	3-4	5-8	9-11	12-14	ab 15
	Note	1	2	3	4	5	6

Schwierige Wörter und Satzteile:
a**ll**mä**h**lich – ihre Zunge war sehr rau, soda**ss** (auch: so dass) es mich fr**or** – ich fa**ss**te sie an – sie ho**ck**te mit ihren **K**leinen ganz gekrü**mm**t in der **E**cke – ich versuchte sie herauszuholen – eines **M**orgen**s** – Ka**n**inchenstall

---

Übungen und Regeln

Aus einem **Umstandswort** (Adverb) wird ein **Namenwort** (Substantiv).

morgens → eines Morgens   *abends* → ____________
mittags → ____________   *nachts* → ____________

Das *ss* bleibt erhalten. S c h r e i b e so:

fassen → *ich* fasste ______ *passen* → *es* ______
hassen → *sie* ______ *müssen* → *ich* ______

B i l d e Sätze mit *dass* ! S c h r e i b e so:

sehen - traurig Ich sehe, dass du traurig bist.
fürchten - krank Ich f
glauben - eitel ______

Auch Blinde können lesen. Sie haben allerdings ein anderes Alphabet. Es besteht aus Punkten, die ertastet werden müssen.

●○ ○○ ○○	●○ ●○ ○○	●● ○○ ○○	●● ○● ○○	●○ ○● ○○	●● ●○ ○○	●● ●● ○○	●○ ●● ○○	○● ●○ ○○	○● ●● ○○	●○ ○○ ●○	●○ ●○ ●○	●● ○○ ●○
A	**B**	**C**	**D**	**E**	**F**	**G**	**H**	**I**	**J**	**K**	**L**	**M**

●● ○● ●○	●○ ○● ●○	●● ●○ ●○	●● ●● ●○	●○ ●● ●○	○● ●○ ●○	○● ●● ●○	●○ ○○ ●●	●○ ●○ ●●	○● ●● ○●	●● ○○ ●●	●● ○● ●●	●○ ○● ●●
N	**O**	**P**	**Q**	**R**	**S**	**T**	**U**	**V**	**W**	**X**	**Y**	**Z**

Hier sind **drei** schwierige Wörter aus dem Diktat in Blindenschrift. S c h r e i b e sie a u f !

●○ ○● ○○	●● ○○ ○○	●○ ○○ ●○	●○ ○● ○○

●○ ●● ●○	●○ ○○ ○○	●○ ○○ ●●

●● ●○ ○○	●○ ●● ●○	●○ ○● ●○	●○ ●● ●○

______ ______ ______

Siehe Lösungen nach Seite 44, S. ①.

Schön ist die Welt

4 Der Fluss wird begradigt, die Landschaft verbaut und die Wildnis gezähmt. Die Straßen werden breiter, noch schneller und im Winter wird Salz gestreut. Die Blumen vertragen den Dünger nicht und ziehen sich leise zurück. Tiere verabschieden sich, viele für immer. Der Regen wird sauer, und die Luft erzeugt Husten. Woran sollen sich Kinder noch erfreuen?
Ganz einfach. Sie schalten das Werbefernsehen ein. Dort tummelt die Forelle sich im wilden Bach, der Schmetterling tänzelt von Blüte zu Blüte, die Kinder jagen auf Pferden durch die tiefen Wälder und kühlen ihre Gesichter in sprudelnden Quellen. Der alte Opa aber sitzt auf der Holzbank vor seinem hübschen Haus und blickt verträumt in das stille, weite Land hinaus. (118 Wörter)

Benotungs-	**Fehler**	0-1	2-4	5-8	9-12	13-16	ab 17
vorschlag	**Note**	1	2	3	4	5	6

Schwierige Wörter und Satzteile:
sie kü**h**len ihre **G**esichter in sprude**lnd**en **Qu**e**ll**en – die For**ell**e tu**mm**elt sich im **w**ilden Bach – der Schme**tt**erling t**än**zelt – er bli**ck**t **v**er**träu**mt – der Flu**ss** wird begradi**gt** – die Wildni**s** ist gez**äh**mt

---

Übungen und Regeln

D e n k e   d a r a n : das *n* bleibt erhalten.

sprudeln → *die* sprudelnde *Quelle*
lächeln → *die* ____________ *Fee*
hüsteln → *der* ____________ *Kranke*

Eigenschaftswörter (Adjektive) werden **klein**geschrieben!

wild → *der* wilde *Bach* *kühl* → *das* ______ *Nass*
still → *das* ______ *Land* *hohl* → *die* ______ *Kugel*

S c h r e i b e so:

begradigen → *Der Fluss wird* begradigt.
erledigen → *Die Sache ist* ____________.
überwältigen → *Der Einbrecher wurde* ____________.

Eine wichtige Regel: Nach **kurzem Selbstlaut** schreibt man immer *ss*.
Beispiele: *der Fluss* *ein bisschen* *das Missverständnis*

kurze Selbstlaute

S c h r e i b e zu jedem Bild das passende Wort a u f !
D e n k e daran: Nach **kurzem** Selbstlaut steht *ss*, nach **langem** Selbstlaut *ß*.

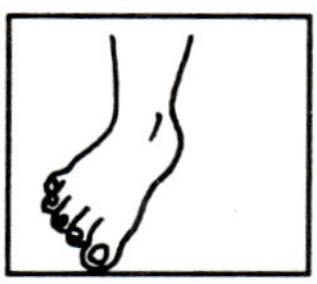

Wörter mit *ss*	Wörter mit *ß*
____________	____________
____________	____________
____________	____________
____________	____________

Siehe Lösungen nach Seite 44, S. ①.

Nüsse

5 Nüsse sind bei uns Wildfrüchte. Auf Spaziergängen kann man sehen, wie die Haselnüsse im Sommer noch fast weiß sind, mit der Zeit dann brauner, fester und holziger werden. Leider kommen einem bei der Ernte meistens die Eichhörnchen zuvor. Was sie am Strauch lassen, ist oft hohl. Bei den Wal- oder Baumnüssen ist es nicht besser: Die Früchte, die sich im feuchten Gras aus der verrottenden grünen Pelle lösen, haben wenig Fleisch. Gekaufte Nüsse stammen aus richtigen Nussplantagen in den Mittelmeerländern. Sie werden gezüchtet und haben dünne Schalen sowie süßes, üppiges Fleisch. Nüsse gehören zu den Ölpflanzen, das muss man berücksichtigen, denn Nusskerne sind die Samen und enthalten bis zu 60 Prozent Öl. Fett wird leicht ranzig und schmeckt dann scheußlich. Nüsse sind deshalb bis zum Verbrauch luftig und kühl aufzubewahren, nur so behalten sie ihren herrlichen Geschmack.

(137 Wörter)

Benotungs-vorschlag	Fehler	0-2	3-5	6-9	10-14	15-20	ab 21
	Note	1	2	3	4	5	6

Schwierige Wörter und Satzteile:
dünne Schalen sowie süßes, üppiges Fleisch – die verrottende grüne **Pelle** – Nussplantage – ein herrlicher Geschmack – Spaziergänge – **Wal-** oder Baumnüsse – deshalb sind sie bis zum Verbrauch **luftig** aufzubewahren – 60 Prozent – sie sind meistens hohl – Ölpflanze

---

Übungen und Regeln

A c h t e beim Mittelwort (Partizip) auf die Endung *-end/-ernd* !

bitten → *das* bittende *Kind*

zittern	→	*der*	________________	*Greis*
rattern	→	*das*	________________	*Auto*
schnattern	→	*die*	________________	*Gans*
retten	→	*der*	________________	*Einfall*

Wichtig ist die Wortfamilie *herr/Herr*.
S e t z e e i n, dann s c h r e i b e a b !

das Wetter war herrlich *– ein* h______*loser Hund – ich betete zum* H____*gott – Cäsar war ein* H____*scher – Damen- und* ___________*bekleidung – die* _______*lich-keit Gottes – er be*_________ *alle – der Prinz über-nahm die* ________*schaft*

Unterricht bei Frau Sommer
Anna schreibt Stefanie, die noch an ihrem Aufsatz arbeitet, ein Brieflein. Niemand soll es lesen können, denn Anna träumt gerade von leckeren Sachen.

Kannst du den Brief richtig a u f s c h r e i b e n ? (Es ist ganz einfach: O r d n e bei jeder Nummer die Wörter alphabetisch!)

1) **f**ertig – **d**u – **e**ndlich – **a**ch – **b**ist ?
2) **h**ätte – **j**etzt – **g**erne – **i**ch – **K**uchen !
3) **r**eichlich – **l**ecker – **u**nd – **s**chwarzem – **weißem** – **T**ee – **mit** – **Pra**linen – **N**ugatcreme – **Z**ucker – **o**der – **v**iel.

Siehe Lösungen nach Seite 44, S. ①.

Über den Brenner

6 Jeder, der in den Ferien mit dem Auto in den Süden braust, kennt den Brenner, den Gebirgspass zwischen Österreich und Italien. Kaum einer macht sich wohl Gedanken darüber, wie beschwerlich diese Reise früher einmal war, als es noch keine ausgebauten Straßen und Tunnel gab. Damals war die Überquerung der Alpen auf kleinen, unsicheren Pfaden ein Abenteuer und der Tod ständiger Weggefährte. Wer sein Ziel dennoch unversehrt erreichte und nicht durch Absturz, Frost, Lawine oder Erschöpfung zu Schaden kam, dankte seinem Gott auf Knien für die glückliche Reise. Auch die Postkutschen machten aus der Überquerung des Brennerpasses keineswegs ein Vergnügen. Erst Eisenbahn und Auto verbesserten die Reisemöglichkeiten. Doch wenn Blechlawinen sonnenhungriger Autofahrer den Brenner blockieren, ist die Fahrt auch heute noch sehr anstrengend. (125 Wörter)

Benotungs-vorschlag	**Fehler**	0-2	3-5	6-9	10-13	14-17	ab 18
	Note	1	2	3	4	5	6

Schwierige Wörter und Satzteile:
sonnenhungr**ig** – keineswegs – Abe**nt**euer – **Ü**berquerung – **blockie**-ren – zu **S**chaden kommen – unver**seh**rt – **G**edanke – die **gl**ückliche Reise – **Absturz** – **E**rschöpfung – beschw**e**rlich – **V**ergnügen – Gebirgspa**ss** – Law**i**ne – de**nn**och

Übungen und Regeln

S e t z e e i n , dann s c h r e i b e die Wörter a b !

Lawine   Masch . . .   Ros . . .   Gar . . . .
Vio . . . .   Apfel . . . .   Kant . . .

B i l d e zusammengesetzte **Eigenschaftswörter** (Adjektive)!
S c h r e i b e klein!

Sonne + *hungrig* → sonnenhungrig
Messer + *scharf* → ________
Tag + *hell* → ________
Mond + *süchtig* → ________

Man schreibt Wörter **zusammen**, wenn dadurch ein **neuer Begriff** gebildet wird:

Stein + *alt* → *stein**alt***
Blut + *jung* → *blut**jung***

Über die **Wortart** entscheidet das **letzte Wort**.

B i l d e aus **Zeitwörtern** (Verben) **Namenwörter** (Substantive)!

abstürzen → *der* Absturz
aufgehen → *der* ________
abfahren → *die* ________
vorspringen → *der* ________
verstehen → *das* ________

Siehe Lösungen nach Seite 44, S. ①.

Im folgenden Text sind **zusammengesetzte Eigenschaftswörter (Adjektive)** jeweils zur Hälfte durch ein **Bild** dargestellt.

L i e s den Text zunächst einmal d u r c h !

Im 16. Jahrhundert war das Reisen alles andere als ein Vergnügen. Es war zwar romantisch, wenn eine Kutsche in  klarer Nacht durch die  helle Landschaft jagte, doch die Angst reiste mit, zwar keine Angst vor  speienden Drachen, sondern vor Räubern, die ja auch nicht gerade als  fromm galten. Wenn  starke,  lange Kerle aus dem Hinterhalt traten und die Kutsche anhielten, wurde es auch erfahrenen Reisenden  weich in den Knien und manch  schöne,  junge Dame fiel gleich in Ohnmacht. Erreichten die Reisenden schließlich abends  müde ein Gasthaus, so erwarteten sie zwar keine  weißen Betten, dafür aber – wenn der Wirt kein Gauner war – ein wenig Sicherheit.

 S c h r e i b e jetzt die Eigenschaftswörter (Adjektive) **richtig** a u f !

in sternklarer (sternenklarer) Nacht
die __________ helle Landschaft
vor __________ speienden Drachen

Siehe Lösungen nach Seite 44, S. ①.

Als Zeit noch keine Rolle spielte

7 Zeit ist kostbar. Nicht nur beim Sport, auch sonst rechnen wir oft mit Minuten oder Sekunden. Deshalb können wir uns kaum vorstellen, dass Uhren bis zum 14. Jahrhundert selbst für Könige reiner Luxus waren. Ein englischer Herrscher ließ, um auf Reisen die Zeit zu messen, Kerzen gleicher Länge nacheinander anzünden. Ritter und Räuber spürten am Knurren des Magens, wie die Zeit verging. Für den Bauern oder Bürger hing das Lebenstempo ausschließlich vom Rhythmus der Natur ab. Zur Zeiteinteilung genügten ihnen das Jahr, der Monat und der Tag. Allen schlug morgens, mittags und abends die Glocke vom Kirchturm, wobei sich auch der Mönch am Glockenstrick auf sein Zeitgefühl verließ. Von Minuten oder gar Sekunden ahnte niemand etwas. Die Stunde hielt man für die kleinste Zeiteinheit. Auch mechanische Uhren hatten nur einen Stundenzeiger. Entscheidend aber war: Die Leute hatten gar kein Bedürfnis, zu wissen, wie spät es ist.

(152 Wörter)

Benotungs-vorschlag	Fehler	0-2	3-6	7-11	12-17	18-22	ab 23
	Note	1	2	3	4	5	6

Schwierige Wörter und Satzteile:

Rhythmus – die **mech**anische Uhr – er spürte es am **K**nurren des Magens – **m**orgens, **m**ittags und **a**ben**d**s – ein **e**nglischer **H**e**rr**scher – Lu**x**us – Kerzen gleicher **L**änge – es war **entscheidend** – wir **r**echnen mit ihm – gar kein **B**edürfnis

Übungen und Regeln

V e r w a n d l e Ländernamen in **Eigenschaftswörter** (Adjektive) und b i l d e mit ihnen **Beifügungen** (Attribute)!

England - *Herrscher* → ein englischer Herrscher
Schweden - *König* → ein schwedischer König
Frankreich - *Auto* → ein fransösisches Auto
Spanien - *Tänzer* → ein spanischer Tänzer

A c h t e auf **Namenwörter** (Substantive) mit der **Endsilbe** *-nis* !

bedürfen → das Bedürfnis   *ärgern* → das Ärgernis
erleben → das Erlebnis   *geheim* → das Geheimnis
finster → die Finsternis   *zeugen* → das Zeugnis

S e t z e e i n !
B e a c h t e dabei die **Groß**schreibung der Zeitwörter (Verben)!

knurren - *bemerken* → *am* Knurren bemerken
segeln - *kommen* → *vom* Segeln kommen
essen - *gehen* → *zum* Essen gehen wir
tanzen - *zusehen* → *beim* Tanzen zusehen
stehen - *essen* → *im* Sthen essen

Zeitwörter (Verben) schreibt man **groß**, wenn Wörter wie *beim*, *vom*, *zum*, *am*, *im* davor stehen und sich darauf beziehen:

*Melanie war **beim F**echten.*
*Wir gehen **zum E**inkaufen.*

Vier Wörter sind hier in Geheimschrift dargestellt.
Du findest sie unter den **schwierigen Wörtern** und **Satzteilen** auf Seite 15. S c h r e i b e sie a u f !

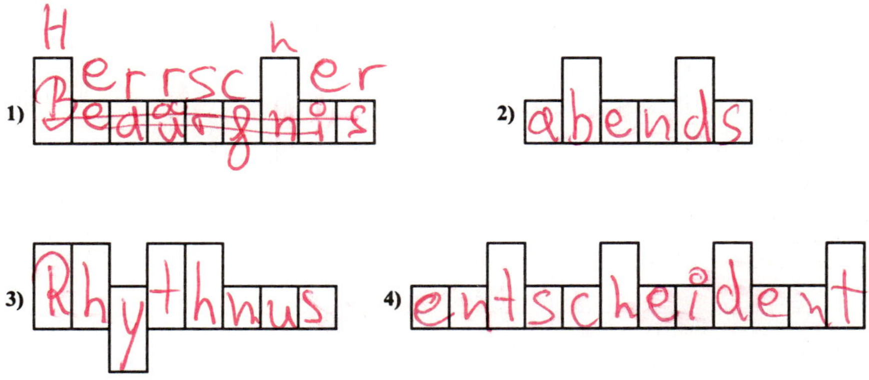

Siehe Lösungen nach Seite 44, S ②.

Zeit ist kostbar. Auch für Schüler. **Wann** dir Zeit besonders viel bedeutet, verrät dir das folgende Rätsel. T r a g e die **Anfangsbuchstaben** der Abbildungen in die Kästchen darunter e i n !

Siehe Lösungen nach Seite 44, S. ②.

In der Unterwelt gefangen

8 Ich erwachte. Neben mir flackerte das fahle Licht einer Grubenlampe. Mein Kopf brummte. Wo war ich denn? Ich hörte Tropfen fallen. Jetzt vernahm ich leises Reden und erkannte die Stimmen meiner Freunde. Als ich beim Aufstehen an der Decke anstieß, war mir klar, dass wir uns noch in der Höhle befanden. „Du bist gestürzt und warst bewusstlos", sagte einer. Ich dachte: Hier hineinzuklettern war wirklich waghalsig. Ich war der Verwegene, der trotz der Warnungen der Freunde an dem Plan festgehalten hatte. Nicht einmal ihr dringendes Mahnen hielt mich davon ab. Niemand konnte ja das Umschlagen des Wetters vorausahnen. Neue Angst löste das eindringende Wasser aus. Doch in letzter Minute konnten wir in einem höher gelegenen Raum Zuflucht nehmen.

(122 Wörter)

Benotungs-vorschlag	Fehler	0-2	3-6	7-10	11-15	16-19	ab 20
	Note	1	2	3	4	5	6

Schwierige Wörter und Satzteile:
hier hineinzuklettern war wa**gh**al**s**ig – in einem höher gelegenen Raum **Z**uflucht ne**h**men – das **U**mschlagen des Wetters **v**orausahnen – ihr **M**ahnen h**ie**lt mich davon ab – ich war der **V**erwegene – als ich beim **A**ufstehen ansti**eß** – ich verna**h**m ein leises **R**eden – das fa**h**le Licht fla**ck**erte – gestürzt – bewusstlos

---

Übungen und Regeln

Wenn sich das **Geschlechtswort** (Artikel) *das* auf ein **Zeitwort** (Verb) bezieht, so wird das Zeitwort **groß**geschrieben:

*das **U**mschlagen des Wetters*

S e t z e richtig e i n !

Gänse – *schnattern* → *das* Schnattern *der* Gänse
Boot – *kentern* → *das* ________ *des* ________
Hund – *bellen* → *das* ________ *des* ________

Wenn sich ein **Geschlechtswort** (*der, die, das*) auf ein **Eigenschaftswort** bezieht, so wird es **groß**geschrieben:

*ich bin **der Ä**lteste*
*sie ist **die S**chönste*
*es ist **das K**leinste*

S e t z e e i n !

verwegen → *ich bin* der Verwegenste
schnell → *sie ist* ________
groß → *er ist* ________
mutig → *sie ist* ________

Zum Schluss eine Aufgabe zum Reimen.
Die Bilder helfen dir, die richtigen Reime zu finden.

Tr
H
Pfr

P
S
Tr

R
G
Spl

Br
Gr
P

F
H
P

T
W
Pf

Ein Verkehrsunfall

9 Als ich vorgestern die Hauptstraße unserer kleinen Stadt hinunterging, hörte ich plötzlich hinter mir ein kreischendes Geräusch. Dann krachte es, Glas zersprang. Ich zuckte zusammen. Als ich mich umdrehte, sah ich ein Auto, das schräg gegen eine Hauswand gefahren war. Der Autofahrer stieg mühsam aus. Er blutete im Gesicht, schien aber sonst keine ernsthaften Verletzungen zu haben. Schnell sammelten sich viele Neugierige an der Unfallstelle. Man diskutierte den Grund des Unfalls und schätzte den Schaden. Wenig später kam die Polizei. Wie sich jetzt herausstellte, hatte ein vierjähriges Kind das Unglück verursacht. Es war überraschend auf die Fahrbahn gelaufen. Dem Autofahrer blieb nichts anderes übrig, als auf den Bürgersteig zu steuern. Dabei geriet er an die Hauswand. Sein Fahrzeug war an der rechten Seite schwer beschädigt. Es musste abgeschleppt werden. Die Polizei notierte die Adresse des Kindes und der Zeugen, die den Vorfall beobachtet hatten. (146 Wörter)

Benotungs-	**Fehler**	0-1	2-3	4-6	7-10	11-14	ab 15
vorschlag	**Note**	1	2	3	4	5	6

Schwierige Wörter und Satzteile:
man disk**uti**e**r**te – viele **N**eug**ie**rige – das Auto wurde abgeschle**pp**t – als ich hinunterging – ein **vie**rjä**h**riges Kind – ein Auto, das schnell war – übe**rr**aschen**d** – es ger**iet** daneben – **v**orgestern – eine **U**nfa**ll**-stelle – beschäd**igt**

Übungen und Regeln

Ein Nebensatz beginnt mit *das*, wenn man *das* durch *welche(r)* oder *welches* ersetzen kann.

Auto - *schnell* → *ein Auto,* das schnell war
Spiel - *neu* → *ein Spiel,* ____________
Tier - *verletzt* → *ein Tier,* ____________
Haus - *baufällig* → *ein Haus,* ____________

A c h t e jeweils auf die **Endung**!

beschädigen → *es ist* beschädigt
erledigen → *es ist* ____________
benötigen → *du wirst* ____________
vernachlässigen → *sie wird* ____________

Im Diktat kommen **zusammengesetzte Namenwörter** (Substantive) vor: z. B. *Hauptstraße, Unfallstelle, Bürgersteig*. Bei der folgenden Aufgabe sollst du vier Namenwörter bilden, die aus je **drei** Wörtern zusammengesetzt sind.

S e t z e jeweils **drei** Bilder z u s a m m e n !

1) Löwenzahnblüte ____________ 2) Nacht ____________
3) ____________ 4) ____________

Siehe Lösungen nach Seite 44, S. ②.

Wie giftig sind Spinnen?

10 Von den 30 000 Spinnenarten sind es nur dreißig, deren Biss einen Menschen töten kann. Sie kommen ausnahmslos in warmen Ländern vor. Die großen, zottigen und Furcht erregend wirkenden Vogelspinnen sind die ungefährlichsten. Sie haben nur kleine Giftdrüsen und überwältigen ihre Beute mit der Kraft ihrer Kieferwerkzeuge. Im Allgemeinen sind Spinnen umso giftiger, je kleiner sie sind. Bei uns ist die giftige Wasserspinne heimisch. Mit ihr kommt man jedoch so gut wie niemals in Berührung. Der Biss des seltenen Dornfingers verursacht heftige Schmerzen, aber keine Lebensgefahr. Völlig harmlos ist die Kreuzspinne. Ihr Biss, falls er überhaupt die Haut durchdringt, bewirkt schwache Schmerzen und Juckreiz. Erwähnenswert sind die so genannten Bananenspinnen. Das sind verschiedene, auch hochgiftige tropische Spinnen, die mit Frucht- oder Holztransporten bei uns eingeschleppt werden. Für die meisten Giftspinnen aber gilt: Ihre Beißlust ist gering. (139 Wörter)

Benotungs-vorschlag	Fehler	0-2	3-6	7-10	11-14	15-19	ab 20
	Note	1	2	3	4	5	6

Schwierige Wörter und Satzteile:
Furcht e**rr**egen**d** – überw**äl**tigen – im **A**llgemeinen – in **B**erührung kommen – fa**ll**s er überhau**p**t die Haut durchdri**ng**t – **J**u**ck**reiz – die so gena**nn**ten Bananenspinnen – ihre **Bei**ßlust – eingeschle**pp**t – erwä**h**nenswert – ausna**h**mslos

Übungen und Regeln

F o r m e **Zeitwörter** (Verben) in **Namenwörter** (Substantive) mit *-ung* u m ! Vergleiche mit dem Regelteil auf Seite 72.

berühren → Berührung | *rühren* → ______
kränken → ______ | *reizen* → ______
packen → ______ | *spalten* → ______

B e a c h t e : In der Vergangenheit **kein** *tz*, sondern ein *zt* !

reizen → *er* reizte   *heizen* → *sie* ______

Hier wird alles **groß**geschrieben!
F ü l l e a u s , dann s c h r e i b e noch einmal a b !

allgemein → im Allgemeinen
übrig → ______
besonders → ______
groß und ganz → ______

Ein **scharf** gesprochener *s*-Laut wird nach **Doppellaut** als *ß* geschrieben.

Beißlust* - *sich* *äußern

Doppellaute

Hier darfst du reimen!

dreißig | *heißen* | *außen*
*fl*______ | *b*______ | *dr*______

Vergleiche mit dem Regelteil auf Seite 72.

Im folgenden Buchstabenfeld sind 14 Wörter aus dem letzten Diktattext **verkehrt** aufgeschrieben. Du findest von **rechts** nach **links** noch **7** weitere **Wörter** und von **unten** nach **oben** noch **5 Wörter**.

S c h r e i b e sie a u f und d e n k e an die **Groß**- und **Klein**schreibung!

von rechts nach links	von unten nach oben
heftig	bewirkt

M	X	**G**	**I**	**T**	**F**	**E**	**H**	N	I	L
T	P	U	A	H	R	E	B	Ü	M	X
K	Ä	S	G	C	O	N	E	T	Ö	T
R	E	G	I	R	T	F	A	R	K	O
I	T	I	T	U	S	L	L	A	F	M
W	U	T	T	F	S	O	Y	I	S	E
E	E	F	O	G	I	L	L	Ö	V	U
B	B	I	Z	Q	B	I	T	L	I	G
E	C	G	S	L	A	M	E	I	N	O

Siehe Lösungen nach Seite 44, S. ②.

Was man bei einer Erkältung beachten sollte

11 Abhärtung ist wichtig. Deshalb muss man seinem Körper die Möglichkeit zur Auseinandersetzung mit Kälte und Wärme geben. Die trockene, gleichmäßige Wärme, die unseren Heizkörpern entströmt, ist dazu nicht geeignet. Eine Wärmequelle wird oft übersehen: die Nahrung. Unsere Vorfahren aßen den Jahreszeiten entsprechend. Also eine Salatplatte im Sommer, einen Gänsebraten im Winter, nicht umgekehrt. Ein weiterer Wärmespender ist Bewegung in frischer Luft. Stubenhocken und Winterschlaf sind etwas für Murmeltiere, für Menschen ist Wintersport angemessener. Und wenn´s einen trotzdem erwischt? Aufgepasst - nicht mit Kanonen auf Spatzen schießen, denn leichtere Erkältungen sind der Gesundheit eher dienlich. Sie bereiten die Abwehrkräfte für den Ernstfall vor. Bei der Selbstbehandlung sollte man dem natürlichen Fluss folgen, statt gegen den Strom zu schwimmen: also mit Naturheilmitteln Schnupfen zum Laufen bringen, Hustenreiz nicht unterdrücken. Die Krankheitsdauer allein ist nicht maßgebend. Wichtiger ist, ob man nach überstandener Krankheit voll neuer Kraft oder ausgelaugt dasteht.

(152 Wörter)

Benotungs-vorschlag	**Fehler**	0-3	4-7	8-11	12-16	17-20	ab 21
	Note	1	2	3	4	5	6

Schwierige Wörter und Satzteile:
zum **L**aufen bringen – Hustenrei**z** – **maß**gebend – de**m** **n**atürlichen **F**luss **f**olgen – Abwe**h**rkräfte – aufgepa**ss**t – angeme**ss**en – we**nn´s** einen **trotz**dem erwischt – seine**m** Körper die **M**öglichkeit zur **A**useinandersetzung mit **K**älte und **W**ärme geben – die **t**rockene, gleichmä**ß**ige Wärme – sie a**ß**en eine Sala**t**pla**tt**e – für den **E**rnstfall

Übungen und Regeln

Durch *zum* werden **Zeitwörter** (Verben) zu **Namenwörtern** (Substantiven). S c h r e i b e so:

laufen → zum Laufen *bringen*
sprechen → ______________ *bringen*
lachen → ______________ *bringen*
weinen → ______________ *bringen*

Vergleiche mit dem Regelteil auf Seite 73.

Man verwendet das **Auslassungszeichen** (Apostroph), wenn ein **Buchstabe ausgelassen** wird. S c h r e i b e so:

wenn es dich freut → wenn's dich freut
wenn es mir passt → ______________
wenn es dir gelingt → ______________

B e t r a c h t e die Bilder und s e t z e in den Sätzen darunter die richtigen Wörter e i n !

Sie aß eine Salatplatte.

Mutter go___ _______ über die _______ .

Siehe Lösungen nach Seite 44, S. ②.

Ein **scharf** gesprochener *s*-Laut wird nach **langem** Selbstlaut als *ß* geschrieben.

gleichmäßig ***Fußball***

lange Selbstlaute

Vergleiche mit dem Regelteil auf Seite 72.

S e t z e jeweils die richtigen *s*-Laute e i n !

Zirkusglück

Jetzt, endlich, ging die Sache los.
Der Leute Spannung, die war gro___!
Gleich sollt´ der Hund sein Kunststück zeigen
und tanzen im Ballett den Reigen.
Vorerst jedoch er einen Knochen fra___,
(er fand dabei so gar nicht ein vernünft´ges Ma___).
Es dauerte und manchen Kindern ward es schon ein wenig fad.
Damit das Tier ein bi___chen schneller tat,
gab der beliebte Clown – nur mal zum Spa___ –
so eine Art von Schreckschu___ ab.
Vielleicht bringt dies das Tier auf Trab!
Jedoch die Wirkung war fatal:
Das arme Tier verga___ den Appetit,
beendete sogleich das Mahl
und scho___ – den Knochen nahm es mit –
schnell wie ein Pfeil zum Zelt hinaus.
Und mit dem Kunststück war es – au___.

Siehe Lösungen nach Seite 44, S. ②.

Junge Handwerker auf Wanderschaft

12 Schätzungsweise 200 Wandergesellen ziehen noch heute durch die Bundesrepublik. Man erkennt sie an ihrem maßgeschneiderten schwarzen Anzug mit Weste und Hose mit weitem Schlag, schwarzem Hut mit Krempe und weißem Hemd. Zur Pflichtausstattung gehört außerdem ein im linken Ohr – und nirgends sonst – zu tragender Ring und der Knotenstock. Heute gehen nur noch Gesellen des Baugewerbes wie Maurer, Zimmerleute, Dachdecker oder Steinmetze auf Wanderschaft, die so genannte Walz. Voraussetzung für die Aufnahme in eine anerkannte Zunft ist der Gesellenbrief in einem dieser Handwerke. Man muss einen guten Ruf haben, jünger als 30 Jahre und ledig sein, darf keine Schulden oder gar Vorstrafen haben. Die Regeln und Bräuche der Zünfte sind streng. Drei Jahre muss sich der Wandergeselle fern von seinem Heimatort aufhalten, niemals darf er ihm näher als 50 Kilometer kommen. Während dieser Zeit darf er nicht länger als zwei Monate im selben Betrieb arbeiten. Trotzdem sagen die Wandergesellen, ihr Leben sei schön, allerdings auch sehr beschwerlich.

(160 Wörter)

Benotungs-vorschlag	**Fehler**	0-2	3-6	7-10	11-14	15-19	ab 20
	Note	1	2	3	4	5	6

Schwierige Wörter und Satzteile:
sch**ätz**ungsweise – au**ß**erdem – mit **K**rempe und weiße**m** **H**emd – **P**flichtau**ss**ta**tt**ung – Bundesre**publik** – n**i**rgen**d**s – so gena**nn**t – **Vor**au**ss**etzung – eine anerka**nn**te Zu**nf**t – **V**orstr**afe** – die Br**äu**che sind str**e**ng – **fe**rn von seine**m** Heimatort – w**äh**rend – tro**tz**dem – ihr **L**eben sei a**ll**erd**i**ngs beschw**e**rlich – Wanderges**ell**e

Übungen und Regeln

B e a c h t e : **Verdoppelungen** bleiben erhalten!

nennen	→	genannt	*brennen*	→	______
rennen	→	______	*kennen*	→	______

Hier stoßen zwei *s* zusammen →*ss* ! Aber: *voraus* mit **einem** *r* !

voraus	+	*sehen*	=	voraussehen
voraus	+	*setzen*	=	______
voraus	+	*sagen*	=	______

A c h t e darauf: *äu* lässt sich immer von *au* herleiten!

Brauch	→	Bräuche	*kaufen*	→	Käufer
Bauch	→	______	*laufen*	→	______
Schlauch	→	______	*rauben*	→	______

Hier wieder Wörter in **Blindenschrift**: **drei** schwierige Wörter aus dem Diktattext. Das Alphabet für Blinde steht auf **Seite 7**.

●●	○●	●○	●●	●○	●●	●●	○●
○●	●○	●●	●●	○●	○●	○●	●○
●○	○○	●○	○○	○○	●○	○○	●○

____

●●	●○	●○	●●
●○	○●	●●	○●
○○	○○	●○	●○

____

●○	●○	●○	●○	●○	○●	○●	●○	○●	●○	●○	●●	●●
●○	○●	●●	○○	○○	●○	●○	○●	●●	○●	○○	○●	●●
●●	●○	●○	○○	●●	●○	●○	○○	●○	●●	●●	●○	○○

____

Siehe Lösungen nach Seite 44, S. ②.

Hier sind die Bilder **durcheinander** geraten.
S t e l l e die richtige Reihenfolge wieder h e r !
Dann liest du die Silben neben den Bildern **rückwärts** und **setzt** sie anschließend **zusammen**. Es entsteht ein Wort aus dem Diktattext, das für uns alle eine große Bedeutung hat.

Vielleicht macht es dir Spaß die Bilder auszumalen.

S c h r e i b e das Lösungswort hier a u f :

______________________________ Siehe Lösungen nach Seite 44, S. ②.

BUP

SED

NUB

KIL

ER

Ein unheimliches Erlebnis

13 Meistens gehen Tanjas Eltern abends noch ein bisschen spazieren. Einmal blieb Tanja allein zu Hause. Sie wusste allerdings gar nicht, was sie anfangen sollte. Sie hatte überhaupt keine Idee. So stellte sie den Fernseher an. Es gab einen Film, er war ziemlich interessant. Doch zum Schluss passierte so viel Grausames, dass Tanja abschaltete. Draußen war es schon ganz dunkel. Tanja bekam plötzlich Angst. War da nicht ein Geräusch? Ein dauerndes Klopfen? Wenn die Eltern nur endlich zurückkommen würden! Da! Tanja erschrak entsetzlich. Eine finstere Gestalt erschien im Fensterrahmen. Schließlich erkannte sie erleichtert ihren Vater. Er hakte den Fensterladen ein, der im Wind schlug. Wenige Augenblicke später stürzte Tanja glücklich in Mutters Arme. (115 Wörter)

Benotungs-vorschlag	**Fehler**	0-3	4-6	7-10	11-13	14-16	ab 17
	Note	1	2	3	4	5	6

Schwierige Wörter und Satzteile:

wir gehen abends ein bisschen spazieren – zu Hause – gar nicht – ziemlich – interessant – zum Schluss passierte so viel Grausames, dass sie abschaltete – draußen war es dunkel – sie stürzte – eine finstere Gestalt – sie erschrak entsetzlich – er hakte den Laden ein

Übungen und Regeln

S e t z e   z u s a m m e n mit der Vorsilbe *end-* (von *Ende*)! A c h t e jeweils auf die **Groß**- oder **Klein**schreibung!

lich → endlich *Runde* → Endrunde
Station → ______ *Ziel* → ______
los → ______ *gültig* → ______

Durch *viel, manch(es), etwas* wird aus einem **Eigenschaftswort** ein **Namenwort**. A c h t e deshalb auf die **Groß**schreibung!

grausam → *viel* Grausames *neu* → *etwas* ______
hässlich → *viel* ______ *nett* → *viel* ______

Vergleiche mit dem Regelteil auf Seite 73.

E r s e t z e die fehlenden Buchstaben!

Ich habe großes Inter . . . . e. *Die Geschichte ist* in . . . . ant. *Ich* in . . . . iere *mich für Fußball.*

Siehe Lösungen nach Seite 44, S. ②.

Zum Schluss drei lustige Bilderrätsel. Wenn du jedes Bild wörtlich nimmst, findest du das Lösungswort.

Schilderwald

______ ______

Siehe Lösungen nach Seite 44, S. ②.

Die Ureinwohner Amerikas

14 Als Kolumbus in Amerika ankam, waren viele der Menschen, die dort lebten, Bauern. In den östlichen Wäldern lebten sie in Pfahlbauten. Sie rodeten die Wälder, um Korn, Bohnen und Kürbisse anzupflanzen. Im Südwesten lebten die Indianer sogar in mehrstöckigen Häusern. Um in den Wüstengebieten Getreide anpflanzen zu können, gruben sie Kanäle zur Wasserversorgung. Die Stämme an der Nordwestküste lebten von Fischen, die sie roh oder getrocknet verspeisten. Das einfache Leben in dem feuchten, gemäßigten Klima ließ ihnen genügend Freizeit, um Pfähle und Masken zu schnitzen. Auch gab es kleinere kriegerische Abenteuer mit Nachbarstämmen. Ganz im Norden schließlich jagten die Eskimos. Nur wenige Indianer zogen ständig umher. Sogar die Büffeljäger blieben lange genug an einem Ort, um Tabak anpflanzen zu können. Doch mit der Ankunft der Weißen änderten sich ihre Lebensgewohnheiten. Plötzlich gab es so seltsame Dinge wie Pferde, Gewehre oder Werkzeuge aus Metall. Nicht nur Gutes brachten die weißen Eindringlinge. Seuchen, Feuerwasser und die Unehrlichkeit der weißen Landräuber führten den roten Mann ins Verderben.

(167 Wörter)

Benotungsvorschlag	Fehler	0-3	4-8	9-13	14-18	19-23	ab 24
	Note	1	2	3	4	5	6

Schwierige Wörter und Satzteile:
nicht nur **G**utes - **U**ne**h**rlichkeit - ins **V**erderben - in de**m** **f**euchten, gemä**ß**igten Klima - die **weiß**en **E**indringlinge - Kürbi**ss**e - **K**olumbus - **N**ordwestküste - **krie**gerische **A**be**nt**euer - **m**ehrst**öck**ige Häuser - die **A**nkunft der **W**eißen - **U**reinwohner - **r**oh - Gew**e**hre - S**eu**chen

Übungen und Regeln

B e a c h t e :

Die Vorsilbe *ur-* weist auf etwas hin, das weit in die Vergangenheit zurückreicht: → *Ureinwohner*.	Anders ist es bei *Uhr* = → ***Uhrzeit***

E r g ä n z e richtig: *Ur-* oder *Uhr-*?

____bevölkerung, ____zeiger, ____werk, ____mensch,
____großeltern, ____macher, ____band, ____wald

Siehe Lösungen nach Seite 44, S.③.

S c h r e i b e so:

Weiße / bringen / gut – Weiße bringen nicht nur Gutes.
Freunde / sagen / nett – ______ nicht nur ______.
Kinder / essen / süß – ____________.

Siehe Lösungen nach Seite 44, S.③. Vergleiche mit dem Regelteil auf Seite 73.

Der kleine Zauberer verwandelt **Eigenschaftswörter** (Adjektive) in **Namenwörter** (Substantive):

geschwind - unehrlich - übel - ewig - herrlich - freundlich - neu - heiter - genau -

S c h r e i b e so: die Unehrlichkeit – die Übel______

Siehe Lösungen nach Seite 44, S.③. Vergleiche mit dem Regelteil auf Seite 72.

Der **erste** Buchstabe wird geändert und es entsteht ein neues Wort. Die neuen **Anfangsbuchstaben** in der **rechten** Spalte ergeben den Namen einer gesunden Frucht.
S c h r e i b e mit Bleistift, dann lassen sich Irrwege leichter beseitigen.
Übrigens: Die Bilder in der Mitte können dir bei der Suche helfen.

Held		eld
Puder		uder
Oder		der
Nudel		udel
Onkel		nkel
Toto		oto
Lippe		ippe
Ohr		hr
Egel		gel
Katze		atze

Das Lösungswort heißt ____________________________. Die Frucht schmeckt bitter.

Jetzt eine kleine **Bildergeschichte** zur Entspannung! Viel Spaß!

Siehe Lösungen nach Seite 44, S.③.

Der einzige Gerechte

15 Zehn Bauern wurden von einem Gewitter überrascht und flüchteten in einen verfallenen Tempel. Der Donner kam näher, und ein Blitz kreiste fortwährend um den Eingang. Da dachten die Bauern, es müsse wohl ein Sünder unter ihnen sein, den das Unwetter erschlagen wolle. So hängten sie ihre Strohhüte vor die Tür; wessen Hut weggeweht würde, der sollte sich dem Schicksal stellen.
Sogleich wurde ein Hut fortgeweht und mitleidlos stießen die anderen den Unglücklichen, dem er gehörte, hinaus. Kaum aber hatte dieser sie verlassen, als der Blitz in den Tempel schlug. So wurde der eine, den man verstoßen hatte, vor dem Tode verschont, denn er war der einzige Gerechte gewesen. Die neun anderen aber mussten ihre Hartherzigkeit mit dem Leben bezahlen. (122 Wörter)

Benotungs-vorschlag	**Fehler**	0-3	4-7	8-12	13-17	18-22	ab 23
	Note	1	2	3	4	5	6

Schwierige Wörter und Satzteile:
von eine**m** Gewi**tt**er übe**rr**ascht - ein **v**erfa**ll**e**n**er Tempel - ein **Blitz** **k**rei**s**te **f**ortw**äh**rend - es mü**ss**e wo**h**l ein **S**ünder sein - Stro**hh**ü**t**e werden we**gg**ewe**h**t - sich de**m** Schi**cks**al stellen - sogleich **f**ortgewe**h**t - **m**itleidlos st**ieß**en die **a**nderen den **U**nglü**ck**lichen - versto**ß**en - verscho**n**t, de**nn** er war der **G**erechte - **H**artherzigkeit

Übungen und Regeln

Aus **Eigenschaftswörtern** (Adjektiven) werden **Namenwörter (Substantive).** S c h r e i b e **groß**!

unglücklich → *die* *Unglückliche*

freundlich → *der* ____________

ehrlich → *der* ____________

Vergleiche mit dem Regelteil auf Seite 73.

V e r b i n d e die folgenden **Zeitwörter** (Verben) mit *über* ! A c h t e auf *rr* !

rumpeln → *überrumpeln* | *ragen* → ____________

reden → ____________ | *runden* → ____________

Das Bindewort (Konjunktion) *denn* leitet eine Begründung ein. A c h t e auf das Komma!

schont ihn – *gerecht* *Schont ihn, denn er ist gerecht!*

sucht den Ring – *wertvoll* *Sucht den* ____________

ladet ihn ein – *lustig* ____________

V e r b i n d e *fort* und *vor* jeweils mit dem **richtigen** Wort im Kasten. A c h t e auf **Groß**- und **Klein**schreibung!

fort-

vor-

neigen - Freude - bleiben - Bildung
pflanzen - Schritt - Silbe - planen

Siehe Lösungen nach Seite 44, S. ③. Vergleiche mit dem Regelteil auf Seite 72.

Das große Abc-Wörterrätsel

Schreibe die Wörter mit Hilfe der Bilder in dein Heft!

A

Alee

B

Bott

C

Chiese

D

Hund

E

Eidchse

F

Fusbal

G

Gespent

H

Heze

I

Ige

J

K

Kamin

L

Logomotive

M

N

O
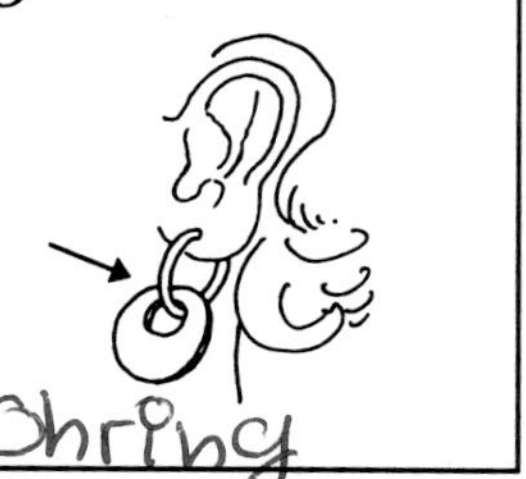

P

Q

R

S

T

U

V

W

X
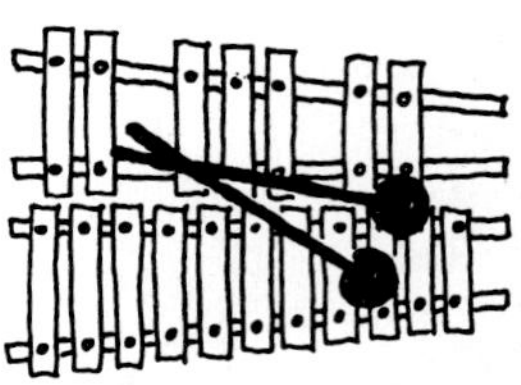

Y

Z

Siehe Lösungen nach
Seite 44, S. ③.

Warum gräbt der Maulwurf Hügel?

16 Wer hat nicht schon einmal in einem Maulwurfshügel herumgestochert? Aber wer hat dabei jemals den Erbauer dieses seltsamen Erdhaufens zu Gesicht bekommen? Wohl niemand, denn der eigentliche Lebensbereich dieses lichtscheuen Tieres liegt ungefähr einen halben Meter unter der Erdoberfläche. Dort gräbt sich der Maulwurf mit seinen schaufelförmigen Vorderpfoten zahlreiche Gänge. Die Hügel auf der Wiese bestehen also aus Erde, die er dabei losbuddelt. Sie dienen vor allem auch zur Lüftung, denn durch die lockere Erde kann in die darunter liegenden Schächte Frischluft eindringen, was für den gefräßigen und reichlich Kot produzierenden Maulwurf lebenswichtig ist. Sein Jagdrevier unter der Erde verlässt er übrigens nur selten. Zu seiner Beute gehören Würmer, Insektenlarven und Schnecken. Er lähmt sie durch einen gezielten Biss und hebt die betäubten Tiere in einer Art Vorratskammer für Notzeiten auf. Da das nützliche Tier überwiegend Schädlinge vertilgt, steht es selbstverständlich unter Naturschutz.

(148 Wörter)

Benotungs-vorschlag	Fehler	0-2	3-5	6-9	10-13	14-17	ab 18
	Note	1	2	3	4	5	6

Schwierige Wörter und Satzteile:
gefr**äß**ig – los**budd**eln – vor allem – **produzie**ren – Jag**d**revier – **V**o**rr**at – bet**äub**t – **l**ichtscheu – eigen**t**lich – ein gez**ie**lter B**iss** – er ver**t**ilgt überw**ie**gen**d** Sch**ä**dlinge – **l**ebe**ns**wichtig – schaufel**f**örmige **V**orderpfoten – die Schne**ck**e

Übungen und Regeln

Namenwort + **Eigenschaftswort** gibt ein **zusammengesetztes Eigenschaftswort**. Du musst **klein**schreiben.

Licht	+	*scheu*	→	lichtscheu
Meter	+	*lang*	→	______
Haus	+	*hoch*	→	______
Himmel	+	*blau*	→	______

Vergleiche mit dem Regelteil auf Seite 72.

Aus *ss* wird *ß* !

Setze ein, dann schreibe alles ab !

fressen	→	*sie* fra . en	→	gefr . . ig
messen	→	*wir* ma . en	→	m . . ig
essen	→	*sie* a . en		
vergessen	→	*wir* verg . . en		

Vergleiche mit dem Regelteil auf Seite 72.

Setze jeweils zusammen mit *lebens-* !

wichtig	→	lebenswichtig
gefährlich	→	______
lustig	→	______
notwendig	→	______

Im Diktattext steht das Wort *einmal*. Wie viele **neue** Wörter kannst du aus den sechs Buchstaben dieses Wortes bilden?

Ich habe noch weitere **neun** Wörter gefunden. Und du?

Siehe Lösungen nach Seite 44, S. ③.

Erklären und anschreiben: UNO ist die Abkürzung für **U**nited **N**ations **O**rganization = Organisation der Vereinten Nationen; Salani.

Die Rechte der Kinder

17 1989 verabschiedete die UNO einstimmig einen Vertrag zum Schutz der Kinder. Fast alle Staaten der Welt haben unterschrieben. Kein Kind darf Not leiden, d.h. geschlagen, missbraucht oder ausgebeutet werden. **Alle** Kinder haben ein Recht auf Gesundheit und Ausbildung, sie sollen spielen und sich erholen können. Kinder sollen bei allen Fragen, die sie betreffen, mitbestimmen und ihre Meinung äußern dürfen. Im Krieg müssen sie besonders geschützt werden.

Es ist zu bemängeln, dass sich bisher wenig geändert hat. Am häufigsten werden die habgierigen, genusssüchtigen (auch: Genuss-süchtigen) Industriestaaten kritisiert. Sie konnten nicht verhindern, dass unzählige Kinder dieser Erde keine Schule besuchen, sondern hart arbeiten müssen. Viele sterben an leicht behandelbaren Krankheiten wie Masern oder Durchfällen. Wir leben mit dem Widerspruch, dass etwa Salani, ein Mädchen aus einem Entwicklungsland, im Alter von zehn Jahren in einer Familie als Arbeitssklavin dient und überhaupt nichts lernen darf, während der 14-jährige Lukas in Deutschland die Schule schwänzt.

(154 Wörter)

Benotungs-	**Fehler**	0-3	4-7	8-11	12-16	17-20	ab 21
vorschlag	**Note**	1	2	3	4	5	6

Schwierige Wörter und Satzteile:

im **A**lter von zehn Jahren - am **häu**figsten – es ist zu **b**em**ä**ngeln, da**ss** sich bi**s**her wenig ge**ä**ndert hat - er ist **h**abg**ie**rig - genu**sss**üchtig (auch: Genuss-süchtig) – die Industr**ie**st**aa**ten werden kr**i**tisi**e**rt - überhau**pt** - der 14-**jä**hrige Lukas – der W**i**derspruch – die Arbeit**ss**kla**vi**n – er schw**änz**t die Schule – eine Meinung **äuß**ern – mi**ss**braucht werden

> M e r k e : *wider* hat die Bedeutung von *gegen, dagegen.*
> Wenn man sagen will: *Thomas sprach* ***gegen*** *seinen Freund,*
> so sagt man: *Thomas* ***wider****sprach seinem Freund.*

S e t z e die folgenden **Zeitwörter** (Verben) mit *wider* oder *wieder* zusammen. Ü b e r l e g e genau, was jeweils passt!

Das stimmt nicht! Ich muss dir leider wider*sprechen.*

Wir werden bald wieder*kommen.*

Kannst du mir das Geld morgen ________ geben ?

Er hat sein Geständnis am nächsten Tag _________rufen.

Wir werden das Spiel nächste Woche _________holen.

Man kann sehen, wie sich die Strahlen der Sonne im Wasser __________spiegeln.

Siehe Lösungen nach Seite 44, S.③.

B i l d e Sätze mit dem **Bindewort** (Konjunktion) *dass* !
A c h t e auf die Kommas!

bemängelt	–	*es sei kalt*	→	Es wurde bemängelt, dass es kalt sei.
betont	–	*es sei neu*	→	Es wurde betont, ________
versichert	–	*sie sei tüchtig*	→	________
behauptet	–	*er sei krank*	→	________

Lösungen zu 245

Lösungen (245)

1 Wir sind ein Teil der Erde (Seite 2-3)

S. 3: *Lösung des Zickzackrätsels:*
dunkel - felsig - summend - glitzernd

So musstest du das Riesenwort zerlegen:
Lichtung - Pony - Erfahrung - Insekt - Teil - Gedanke

---

2 Vom Raben und vom Fuchs (Seite 4-5)

S. 5: *So heißen die gesuchten Wörter:*
krönen - Gestalt -Stimme - schnappte

---

3 Ein Hund war am Kaninchenstall (Seite 6-7)

S. 7: *Die Wörter in Blindenschrift sind:*
Ecke - rau - fror

---

4 Schön ist die Welt (Seite 8-9)

S. 9: *So hast du **richtig geschrieben** und **eingeordnet**:*
Wörter mit *ss*: Schloss, Kuss, Fass, Nuss
Wörter mit *ß*: Fuß, Floß, Klöße (Kloß), Soße

---

5 Nüsse (Seite 10-11)

S. 11: *So lautet Annas Brief:*
1) Ach, bist du endlich fertig? 2) Gerne hätte ich jetzt Kuchen!
3) Lecker mit Nugatcreme oder Pralinen, reichlich schwarzem Tee und viel weißem Zucker.

---

6 Über den Brenner (Seite 12-14)

S. 13: *So müssen die Namenwörter heißen:*
der Aufgang - die Abfahrt - der Vorsprung - das Verständnis

S. 14: *So müssen die zusammengesetzten Eigenschaftswörter heißen:*
sternklarer - mondhelle - feuerspeienden - lammfromm - bärenstarke - baumlange - butterweich - bildschöne - blutjunge - hundemüde - blütenweißen

---

②

Lösungen (245)

7 Als Zeit noch keine Rolle spielte (Seite 15-17)

S. 17: *So heißen die vier Wörter der Geheimschrift:*
Herrscher - abends - Rhythmus - entscheidend

Zeit, die für dich wichtig ist: Das ***Lösungswort*** *heißt*
Sommerferien.

---

9 Ein Verkehrsunfall (Seite 20-21)

S. 21: 1) Löwenzahnblüte 2) Nachttischlampe 3) Kirchturmuhr
4) Fußballtor

---

10 Wie giftig sind Spinnen? (Seite 22-24)

S. 24: *Das sind die gesuchten Wörter:*

von rechts nach links: heftig, überhaupt, töten, Kraft, falls, völlig, gilt, niemals

von unten nach oben: bewirkt, Beute, giftig, zottig, Furcht, Biss

---

11 Was man bei einer Erkältung beachten sollte (Seite 25-27)

S. 26: *So hast du* ***richtig*** *eingesetzt:*
Mutter goss Soße über die Klöße.

S. 27: *So heißen die richtig eingesetzten Wörter der Reihe nach:*
groß - fraß - Maß - bisschen - Spaß - Schreckschuss -
vergaß - schoss - aus

---

12 Junge Handwerker auf Wanderschaft (Seite 28-31)

S. 29: *Die Wörter heißen:* nirgends - fern - Voraussetzung

S. 30: *Die Lösung heißt:* **Bundesrepublik**

---

13 Ein unheimliches Erlebnis (Seite 32-33)

S. 33: *So musstest du einsetzen:* Inter**esse** - in**teress**ant - in**teress**iere
Bilderrätsel: Bildhauer – Absteiger (auch: Abstieg)

Lösungen (245)

14 Die Ureinwohner Amerikas (Seite 34-36)

S. 35: *So hast du richtig ergänzt:*
Urbevölkerung - **Uhr**zeiger - **Uhr**werk - **Ur**mensch - **Ur**großeltern -**Uhr**macher - **Uhr**band - **Ur**wald

So lauten die Sätze:
Freunde sagen nicht nur **N**ettes.
Kinder essen nicht nur **S**üßes.

So hat der kleine Zauberer verwandelt:
die **U**nehrlich**keit** - die **Ü**bel**keit** - die **E**wig**keit** - die **H**errlich**keit** - die **F**reundlich**keit** - die **N**euig**keit** - die **H**eiter**keit** - die **G**enauig**keit** - die **G**eschwindig**keit**

S. 36: *Das **Lösungswort** heißt* **Grapefruit**.

---

15 Der einzige Gerechte (Seite 37-40)

S. 38: *So hast du richtig verbunden:*
fortbleiben - **Fort**bildung - **fort**pflanzen - **Fort**schritt
vorneigen - **Vor**freude - **Vor**silbe - **vor**planen

S. 39: *Das große **Abc-Wörterrätsel**:*
Allee - **B**oot - **C**hinese - **D**ackel - **E**idechse (**E**chse) - **F**ußball - **G**espenst - **H**exe - **I**gel - **J**eep - **K**amin - **L**okomotive

S. 40: **M**onitor - **N**ikolaus - **O**hrring - **P**uppe - **Q**uelle - **R**akete - **S**chmetterling - **T**hermometer - **U**hu - **V**ioline - **W**aage - **X**ylophon - **Y**oga – **Z**ylinder

---

16 Warum gräbt der Maulwurf Hügel? (Seite 41-42)

S. 42: *Diese Wörter habe ich noch gefunden:*
Alm - Emil - Leim - Lima (Hauptstadt von Peru) - Mai - mein – malen - Nil (Fluss in Ägypten) – Name

---

17 Die Rechte der Kinder (Seite 43-45)

S. 44: **wider**sprechen - **wieder**kommen - **wieder**geben - **wider**rufen – **wieder**holen – **wider**spiegeln

Lösungen (245)

S. 45: Schifffahrt, auch: Schiff-Fahrt
Kaffeeersatz, auch: Kaffee-Ersatz
Teeernte, auch: Tee-Ernte
seeerfahren, auch: See-erfahren

Notbremse – **Not**landung – **Not**ruf
Familien**recht** – Straf**recht** – Verkehrs**recht**

---

18 Es lebe das Auto! (Seite 46-48)
S. 47: *Die Lösung des Bilderrätsels heißt:* **Muskelkater**.
S. 48: *Lösungssatz:* **Das Auto ist wie eine Droge**.

---

19 Der fliegende Schneider von Ulm (Seite 49-51)
S. 51: *Hier siehst du, welche Wörter man finden konnte:*

eh	*oh*	*ee*	*e*	*o*
Lehm	***Mohn***	***Heer***	*her*	***Los***
Ehre Lehne Mehl mehr sehr	Mohr Lohn ohne Ohr Sohle Sohn	Lee Meer See Tee Teer	Ehe eher er sehen	Dom Lot Mond Not(e) Tod Ton

---

20 Von der Kraft der Pflanzen (Seite 52-53)
S. 53: *So heißt das* ***Lösungswort****:* **Samenkorn**.

---

21 Wundertier Katze (Seite 54-55)
S. 55: *So heißen die* ***fünf schwierigen Wörter*** *aus dem Diktattext:*
1) Million 2) Vorurteil 3) Bedürfnis 4) Hörfähigkeit
5) Nahbereich

---

22 Wer geht gern zur Schule? (Seite 56-57)
S. 57: *So hast du richtig eingesetzt:* **ent**gegen - **end**gültig -

entlarvt - **ent**fliehen - **End**haltestelle - kein **Ent**kommen - **ent**kräftet - **end**lich

S. 57 *So mussten die drei Bilderrätsel gelöst werden:*
Glühbirne - Bankschalter – Brotmesser

---

23 Freiwillig für andere (Seite 58-59)

S. 59: *Hast du den schönen Ort herausgefunden? Es ist nichts anderes als das* **Theater**.

---

24 Elefanten in Not (Seite 60-62)

S. 62:

1									L	**A**	W	I	N	E	
2								A	**B**	S	T	U	R	Z	
3							B	**E**	R	Ü	H	R	U	N	G
4						I	**N**	S	E	K	T				
5					S	**T**	R	O	H	H	U	T			
6				H	**E**	R	R	S	C	H	E	R			
7			L	**U**	X	U	S								
8		T	**E**	E	R										
9	B	**R**	E	N	N	E	R								

Das Lösungswort heißt **Abenteuer**.

---

25 Nahrung ist die beste Medizin (Seite 63-65)

S. 65: 1) Lass die Arznei! 2) Fass die Hand!
3) Miss den Schrank! 4) Küss den Jungen!

Hast du das Wörterdomino gelöst?
TANKWAGEN - WAGENDACH - DACHZIEGEL - ZIEGELSTEIN - STEINZEIT - **ZEITMANGEL**

---

26 Papierherstellung und Umweltbelastung (Seite 66-68)

S. 67: *Dies sind die* ***vier Wörter*** *aus dem* ***Diktattext*** *mit* ie:
Beispiel - Gebiet - Papier - viel

Lösungen (245)

Weitere Wörter mit ie:

Bier - bieten - Giebel - Gier - piep - Pier (Hafendamm) - Riege – Riegel - Sieb - Sieg - Siegel - siegen - Siel (Abwasserleitung) – Tiegel - Tier - vier

Wörter mit ei:

Blei - Eibe - eigen - Eiter - Neige - Leib - Reis - Teig

S. 68:

1	E	L	S	T	E	R
2	B	E	L	L	E	N
3	Q	U	E	L	L	E
4	M	O	D	E	L	L
5	I	S	R	A	E	L
6	P	L	A	N	E	T
7	R	A	K	E	T	E
8	K	L	E	T	T	E
9	W	E	T	T	E	R
10	E	T	A	P	P	E

11	A	T	T	E	S	T
12	M	A	T	S	C	H
13	K	R	A	T	E	R
14	T	O	M	A	T	E
15	V	E	R	R	A	T
16	L	I	N	E	A	L
17	G	E	W	A	L	T
18	K	R	A	L	L	E
19	F	A	L	T	E	R
20	A	L	L	E	I	N

---

27 Die Geschichte des Kaugummis (Seite 69-71)

S. 71:

	P	O	L	I	Z	I	S	T		B		W
			E	G			T		A	U	T	O
			G	E	N	A	U		U	S	A	
		K	O	L	U	M	B	U	S		B	
	U	A			T	E	E		T	R	A	F
	G	U	T			R		I	R	A	K	
		G	I	F	T	I	G		A	B		
	R	U	T	E		K	E	L	L	E	R	
	K	M		T	R	A	B		I		E	
		M	U	T			U	N	E	C	H	T
	T	I	M			B	R	A	N	D		E
	A		B		L	O	T	R			U	U
	U	T	A			O		B	I	T	T	E
	B	L	U	T		T	H	E	A	T	E	R

Na, hast du alle Lösungen gefunden?

B e a c h t e :

Im Text steht das Wort *genusssüchtig*. Hier wird **dreimal** *s* geschrieben.
Auch diese Schreibweise ist erlaubt: *Genuss-süchtig*
Bei der Form mit Bindestrich muss *Genuss* **groß**geschrieben werden, weil es für sich allein ja ein **Namenwort** ist.

S e t z e richtig z u s a m m e n !

Schritt + *Tempo* → Schritttempo / Schritt-Tempo
Schiff + *Fahrt* → ______ / ______
Kaffee + *Ersatz* → ______ / ______
Tee + *Ernte* → ______ / ______
Genuss + *süchtig* → genusssüchtig / Genuss-süchtig
See + *erfahren* → ______ / ______

Siehe Lösungen nach Seite 44, S.④.

Die beiden **Lösungswörter** (es sind Namenwörter) der folgenden Aufgabe findest du in der **ersten** Diktathälfte (Seite 43).

Welches Wort kann den folgenden **drei** Wörtern vorausgehen?	Wie heißt das Wort, dem diese **drei** Wörter vorausgehen?
BREMSE N . . LANDUNG RUF	FAMILIEN STRAFR . . . . VERKEHRS

S c h r e i b e die beiden Wörter auf die Linien!

Siehe Lösungen nach Seite 44, S. ④.

Es lebe das Auto!

18 In Großstädten verlieren über 100 000 Bäume jährlich durch das Auto ihr Leben: durch das Salzen im Winter, durch die Bodenverdichtung infolge parkender Autos, durch die Wunden in Stoßstangenhöhe, durch den Asphalt. Verdurstet und verhungert, aus Sicherheitsgründen verstümmelt und amputiert, sterben die Bäume einen qualvollen Tod. Aber der Autobestand wächst. Das Auto ist wie eine Droge. Es verspricht Freiheit, aber in Wirklichkeit zerstört es die Umwelt: Abgase, Reifenstaub, Altöle, Lösungsmittel, Schwermetalle, Straßenabrieb, Bremsflüssigkeiten, Kunststoffe. Alles taucht wieder auf und durchmischt sich, vergiftet die Landschaft und die Luft, wird weitergetragen und schädigt den Menschen. (96 Wörter)

Benotungs-vorschlag	Fehler	0-2	3-6	7-10	11-14	15-19	ab 20
	Note	1	2	3	4	5	6

Schwierige Wörter und Satzteile:
der Fuß wurde **a**mp**u**tiert - infolge - **q**ual**v**oller **Tod** - er ist **tot** - die Großstä**dt**e - die **S**chwermeta**ll**e - As**ph**alt - Autobesta**nd** - **wächs**t - Straßenabr**ieb** - Bremsflüssi**gk**eit - Sto**ß**stange

Übungen und Regeln

B e a c h t e :

In **zusammengesetzten Eigenschaftswörtern** wird *tot* mit *d* geschrieben: → *todgeweiht*

zusammengesetztes Eigenschaftswort

S e t z e z u s a m m e n !

ernst	→	*todernst*	*müde*	→	______
unglücklich	→	*to*	*schick*	→	______
langweilig	→	______	*krank*	→	______

S e t z e z u s a m m e n mit *voll* !
B e a c h t e die **Klein**schreibung!

Qual	→	*qualvoll*	*Leid*	→	______
Jammer	→	______	*Freud*	→	______
Rand	→	______	*Plan*	→	______

Zur Entspannung wieder ein lustiges **Bilderrätsel**. Wenn du das Bild **wörtlich nimmst**, fällt dir die Lösung sicher nicht schwer.

Siehe Lösungen nach Seite 44, S. ④.

Zum Schluss heute ein **Bilderrätsel**.

S i e h es dir erst einmal genau a n !

		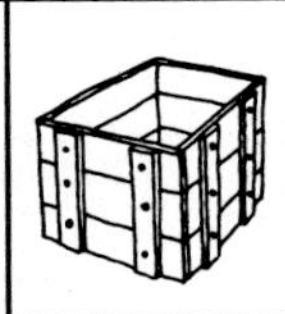			
H=D ~~E~~	*A+ F=T*	*~~K~~ ~~E~~*	*~~G~~ ~~E~~*	*~~ST~~*	*D+ S=G*

Sicher kannst du es noch nicht lösen. Ich helfe dir dabei.

1. Bild: ein *HASE* .
H=D bedeutet: Das *H* soll durch ein *D* ersetzt werden. Aus *HASE* wird *DASE* .
~~E~~ bedeutet: Das *E* muss weg. Aus *DASE* wird *DAS* .

2. Bild: ein *UFO* .
A+ bedeutet: Am Wortanfang kommt ein *A* dazu. Aus *UFO* wird *AUFO* .
F=T bedeutet: Das *F* soll durch ein *T* ersetzt werden.
Kommst du nun alleine zurecht?

Lösungssatz: *DAS AU . .* ______________________________ .

Siehe Lösungen nach Seite 44, S. ④.

Der fliegende Schneider von Ulm

19 Der Schneidermeister Berblinger von Ulm gilt als besonders erfindungsreich. Er begeistert sich für das Fliegen und baut sich eine Flugmaschine. Ihre beiden Flügel haben die Form eines riesigen Lindenblattes und sind durch Fichtenhölzer miteinander verbunden. Dazwischen sind Haltegurte für die Arme des Erbauers befestigt. Heimlich unternimmt er seine ersten Flugversuche von Zäunen, Misthaufen und Stallungen. Er wird dabei entdeckt und gefeiert. Beim Besuch des Königs blicken hunderte (auch: Hunderte) von festlich geschmückten Menschen erwartungsvoll zu ihm auf, als er von einem Gerüst über die Donau segeln will. Wegen des ungünstigen Windes knickt vor dem Start ein Flügel ab. Am nächsten Tag wartet er noch auf Aufwind, da stößt ihn ein Soldat von hinten. Einen Augenblick kann der unglückselige Flieger sich fangen, dann erfasst ihn ein Seitenwind und er stürzt kopfüber in die Tiefe. Fischer retten ihn vor dem elenden Ertrinken. Statt Jubel erntet der tapfere Schneider nur Spott und Hohn. Zahllose Witze werden über ihn verfasst. Doch 160 Jahre nach seinem Sturz wird seine Ehre gerettet: Mit einem Nachbau seiner Flügel gelingen mehrere Luftsprünge bis zu 22 Metern. (181 Wörter)

Benotungs-vorschlag	Fehler	0-3	4-7	8-12	13-18	19-24	ab 25
	Note	1	2	3	4	5	6

Schwierige Wörter und Satzteile:

er stürzt – kopfüber – der unglückselige Flieger – hunderte (auch: Hunderte) von Menschen – vor dem elenden Ertrinken gerettet – entdeckt – riesig – ein Wind erfasst ihn – Flugmaschine – nach seinem Sturz – Spott und Hohn – Jubel – Besuch – erfindungsreich – das Fliegen – mit einem Nachbau – Aufwind

Übungen und Regeln

A c h t e auf *-rzt* !

stürzen → *er* stürzt ________ *würzen* → *er* ________
schmerzen → *es* ________ *kürzen* → *sie* ________

A c h t e auf die Silbe *-wärts* ! S c h r e i b e so:

auf + *wärts* = aufwärts ________ *vor* + *wärts* = ________
rück + *wärts* = ________ ab + *wärts* = ________

Bei der folgenden Übung (siehe nächste Seite) sollst du aus einem **Buchstabenquadrat** Wörter mit **langem Selbstlaut** (Vokal) bilden.

L	S	T	S
D	O	M	E
N	H	E	H
E	R	L	R

Dies sind die Regeln:
Die Buchstaben müssen an einer **Seite** oder **Ecke** aneinander stoßen.
Sie müssen **nacheinander** verbunden werden können.
Es darf **kein** Kästchen **übersprungen** werden.

Schreibe nur Wörter mit **langem** Selbstlaut (Vokal) auf, und zwar solche **mit Dehnungszeichen** (Dehnungs-*h* oder doppelter Selbstlaut) und Wörter **ohne Dehnungszeichen**.

S u c h e jetzt weitere Wörter im **Quadrat** und s c h r e i b e sie in die Tabelle! Es gibt noch mehr, als in der Tabelle Platz haben.

Langer Selbstlaut

mit Dehnungszeichen		**ohne** Dehnungszeichen
Dehnungs-h	Doppelselbstlaut	langer Selbstlaut

Dehnungs-h

L	S	T	S
D	O	M	E
N	H	E	H
E	R	L	R

L	S	T	S
D	O	M	E
N	H	E	H
E	R	L	R

Doppelselbstlaut

L	S	T	S
D	O	M	E
N	H	E	H
E	R	L	R

langer Selbstlaut

L	S	T	S
D	O	M	E
N	H	E	H
E	R	L	R

L	S	T	S
D	O	M	E
N	H	E	H
E	R	L	R

eh	*oh*	*ee*	*e*	*o*
Lehm	***Mohn***	***Heer***	***her***	***Los***
________	________	________	________	________
________	________	________	________	________
________	________	________	________	________
________	________	________	________	________
________	________	________	________	________

Siehe Lösungen nach Seite 44, S.④.

Von der Kraft der Pflanzen

20 Wer es sieht, kann es kaum fassen: Zarte Pflanzensprossen wachsen durch harten Straßenbelag, weiche Triebe bohren sich durch Beton, den keine Gewehrkugel durchschlagen könnte. Zwar zermürben auch Regen, Wind, Schmelzwasser und Eis die Gesteinswände im Gebirge. Doch Pflanzen tun es noch wirkungsvoller: Sie erzeugen Säuren, die Felsgestein auflösen. Die haarfeinen Wurzeln der Triebe finden dadurch Angriffsflächen. Ein Samenkorn, das in eine Gesteinsspalte rutscht, wird zum Sprengsatz, sofern es dort Feuchtigkeit speichern und aufquellen kann. Auch Stängel, Wurzeln und Sprossen vermögen ähnliche Druckkräfte zu entfalten. So können Kräuter wie Löwenzahn hartes Material durchwachsen, wenn dieses schon etwas rissig ist. Wir staunen dann, wenn wir auf einer aufgelassenen Straße entdecken, wie frisches Grün durch die Teerdecke guckt, die es rundum aufgesprengt hat. (125 Wörter)

Benotungsvorschlag	Fehler	0-2	3-5	6-9	10-13	14-17	ab 18
	Note	1	2	3	4	5	6

Schwierige Wörter und Satzteile:
Samenkorn – ein bisschen – wirkungsvoll – sie vermögen ähnliche Druckkräfte zu entfalten – frisches Grün – zarte Pflanzensprossen – Gewehrkugel – Angriffsfläche – sofern es Feuchtigkeit gibt – Material – eine rissige Teerdecke – ein Stängel guckt hervor

---

Übungen und Regeln

Wörter mit der Endsilbe *-keit* sind **Namenwörter** (Substantive).
S c h r e i b e sie **groß**!

feucht → die Feuchtigkeit

ewig → ________________

ehrlich → __________________

wirklich → __________________

Vergleiche mit dem Regelteil auf Seite 72.

Aus **Farbeigenschaftswörtern** werden **Namenwörter**:

zart/grün → zartes Grün

warm/braun → __________________

flammend/rot → flammendes

tief/blau → __________________

Vergleiche mit dem Regelteil auf Seite 73.

A c h t e bei *irgend* auf das *d* ! S e t z e z u s a m m e n :

wo → irgendwo *wer* → __________________

wann → irge *wie* → __________________

Welche **Buchstaben** von **Zeile 1** müssen in die Wörter darunter eingesetzt werden? (Alle Wörter stammen aus dem Diktattext.)
S c h r e i b e die jeweils dazugehörenden **Großbuchstaben** von **Zeile 2** in die Kästchen darunter .
Welches **Wort** erhältst du?

Zeile 1	e	ss	d	ff	k	ll	aa	l	ß	r	ck	rr	t	f	a	äu	ä	eu
Zeile 2	D	S	H	A	I	P	E	O	F	N	N	T	K	Z	L	R	M	G

Dies sind die schwierigen Wörter aus dem Diktattext:

bi_ss_chen, Angri___sfläche, St___ngel, h___rfein, gu___t, en___fa___ten, S___re, Mate___ial

S								

Siehe Lösungen nach Seite 44, S. ④.

Wundertier Katze

21 Obwohl die Katze vor mehr als einer Million Jahren zum Menschen kam, gibt es immer noch genug Vorurteile gegen sie: Die Katze ist falsch, sie ist ein Einzelgänger, sie rottet Singvögel aus. In Wirklichkeit ist ihr Bedürfnis, sich dem Menschen oder anderen Katzen anzuschließen groß. Nur beim Beutefang ist sie allein. Vögel belauert sie gern, aber sie kriegt sie nur selten. Sie steht als Raubtier dank ihres Sehvermögens, ihrer Hörfähigkeit und ihrer Barthaare auf höchster Entwicklungsstufe. So kann sie einen Menschen auf eine Entfernung von mehr als hundert Metern erkennen. Ihr Ohr nimmt, selbst wenn sie schläft, noch eine Maus wahr, die 15 Meter entfernt ist. Am wichtigsten sind die Barthaare beiderseits der Nase: eine Art Radar im Nahbereich. Selbst eine blinde oder taube Katze kann sich mit ihnen hervorragend orientieren. Lässt man Katzen mit dem Rücken nach unten fallen, so drehen sie sich im Flug blitzschnell und landen auf den Pfoten. Sie steuern diese Bewegung mit dem Schwanz. Astronauten ahmen das in der Schwerelosigkeit im All nach. (170 Wörter)

Benotungs-vorschlag	**Fehler**	0-3	4-8	9-14	15-19	20-24	ab 25
	Note	1	2	3	4	5	6

Schwierige Wörter und Satzteile:
Hörfähigkeit - eine **Mill**ion Jahre - **V**orurteil - **W**irklichkeit - **Be**dürfnis - er **krie**gt es selten - **Seh**vermögen - **Ent**fernung - sie nimmt es wa**h**r - eine **Art** **R**adar im **Nah**bereich - sie kann sich hervo**rr**agen**d** or**ie**nt**ie**ren - sie lä**ss**t es fallen - sie **ah**men die **B**ewegung nach - die **b**linde und **t**aube Katze - **S**chwerelosi**g**keit

Übungen und Regeln

B e a c h t e : **Beifügungen** (Attribute) werden **klein**geschrieben, wenn sie von **Eigenschaftswörtern** gebildet werden.
S c h r e i b e so:

blind/taub, Katze → *die* blinde und taube Katze

alt/trocken, Brot → *das* _____ und _____

heftig/stürmisch, Wind → *der* __________

Bilde zusammengesetzte **Namenwörter** (Substantive) mit *Nah-*:

Bereich → Nahbereich   *Brille* → __________
Aufnahme → __________   *Verkehr* → __________

Zum Schluss ein Rätsel, bei dem du wieder **fünf** schwierige Wörter aus dem Diktat finden sollst.
Wenn du nicht mehr weißt, wie es zu lösen ist, dann sieh auf **Seite 5** nach!

A	Ä	B	C	D	E	F	G	H	I	J	K	L	M	N	O	Ö	P	Q	R	S	T	U	Ü	V
									●●			●●	●	●	●									
					●				●			●			●				●●		●	●		●
		●		●	●	●			●					●					●	●			●	
	●				●	●	●	●●	●●		●					●			●		●			
●		●	●		●●			●●	●					●					●					

Siehe Lösungen nach Seite 44, S. ④.

Erklären und anschreiben: Warschauer Getto, Stadtteil in der polnischen Hauptstadt, in dem während der deutschen Besetzung jüdische Menschen eingesperrt lebten.

Wer geht gern zur Schule?

22 Schule wird nicht gerade von allen Kindern geliebt. Das hängt vielleicht auch damit zusammen, dass sich Kinder ein Leben ohne Schule gar nicht vorstellen können.
Zur Zeit der Judenverfolgung war im Warschauer Getto (auch: Ghetto) Schule verboten. Trotzdem hielten viele Kinder ein Leben ohne etwas zu lernen nicht aus. Unter unvorstellbaren Gefahren für Schüler und Lehrer erteilte man in geheimen Zimmern, in Kellern oder auf Speichern Unterricht. Nicht wenige bezahlten das mit ihrem Leben.
Fast jedes Kind will lernen. Was Kinder aber nicht wollen, sind Lehrer, die ihnen alles vorschreiben, überfüllte Klassen (deshalb darf man auch nicht schwätzen) und Hausaufgaben, die Pflicht sind. Meistens dauert der Unterricht viel zu lange, und der Lehrstoff ist häufig uninteressant. Was tun? Lasst Kinder endlich mitbestimmen, nehmt sie ernst wie Erwachsene und ersetzt Zwang durch Freiwilligkeit.
Die Schule von heute ist noch immer die Schule von gestern. Sie ist ein alter Hut.

(151 Wörter)

Benotungs-vorschlag	Fehler	0-2	3-5	6-9	10-13	14-17	ab 18
	Note	1	2	3	4	5	6

Schwierige Wörter und Satzteile:
der **Leh**rstoff ist **häu**fig unint**eressant** - **schwä**tzen - **Freiwillig**keit - **Z**wang - **viel**leicht - la**ss**t Kinder en**d**lich mitbesti**mm**en - **Pf**licht - zur **Z**eit der Judenverfolgung - sich ein **L**eben ohne Schule gar nicht **v**orstel**l**en können - un**v**orste**ll**bare **G**efa**h**ren - es h**ä**ngt damit zusa**m**-**m**en - Erwachsene

Übungen und Regeln

Häufig werden Fehler gemacht bei Zusammensetzungen mit *end-* (von *Ende*) und der Vorsilbe *ent-* .

B e a c h t e :

Wörter, die von *Ende* abstammen

***end**lich* → etwas hat ein Ende

***End**spurt* → der Spurt vor dem Ende (Ziel)

Wörter mit der Vorsilbe *ent-* sagen, dass etwas getrennt wird:

***ent**korken* → ein Korken wird von der Flasche getrennt

***ent**hüllen* → etwas wird von seiner Hülle getrennt

S e t z e *end-* oder *ent-* richtig in die Lücken e i n !

En__gegen den Befürchtungen der Bevölkerung konnte der Täter gestern _____gültig _____larvt werden. Er versuchte zwar noch einmal zu _____fliehen, jedoch an der ____hal-testelle der Linie 7 gab es für ihn kein _____kommen mehr. _____kräftet gab der Mann auf. _____lich können die Leute aufatmen.

Siehe Lösungen nach Seite 44, S. ④ und ⑤.

Und nun wieder drei lustige Bilderrätsel.

Siehe Lösungen nach Seite 44, S. ⑤.

Freiwillig für andere

23 Das Rote Kreuz gibt es in über 150 Staaten der Welt; hunderttausende leisten unter diesem Zeichen Dienst am Nächsten - ehrenamtlich und rund um die Uhr. Auch junge Leute übernehmen hier Verantwortung. Organisiert sind sie in einer Gemeinschaft, dem Jugendrotkreuz, das allerdings in der Öffentlichkeit noch wenig bekannt ist. Seine Mitglieder sind zwischen 6 und 25 Jahre alt. Beim nächsten Kreisverband erfährt man, ob es am Wohnort solch eine Gruppe gibt. Wer sich anschließen will, kann beim wöchentlichen Treffen ruhig einmal vorbeischauen. Was wird dort gemacht? Selbstverständlich lernt man erste Hilfe. Aber auch Spaß und Spiel kommen nicht zu kurz: Radtouren, Ballspiele und lustige Schnitzeljagden. Friedliche Wettbewerbe bieten jährliche Höhepunkte für jene, die Interesse an Quiz, Bastelarbeit, Tanz und Gesang haben. Das Zusammensein mit allen wird zum unvergesslichen Erlebnis. Freundschaften werden geschlossen. Daneben gibt es vielfältige Möglichkeiten, Mitmenschen Hilfe zu leisten: Spielplätze anlegen helfen, Behinderte ins Schwimmbad, ins Theater oder zur Sportveranstaltung bringen; älteren allein stehenden Menschen helfen, Sanitätsdienst in Schulen, bei kleineren Verletzungen seine Mitschüler versorgen.

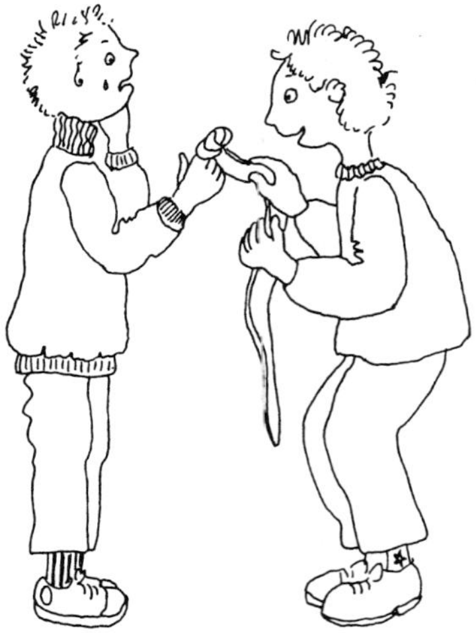

(169 Wörter)

Benotungs-	**Fehler**	0-3	4-8	9-13	14-18	19-23	ab 24
vorschlag	**Note**	1	2	3	4	5	6

Schwierige Wörter und Satzteile:

das **Z**usammensein wird zum **un**verge**ss**lichen **E**rlebni**s** - es gibt **v**iel**fä**ltige **M**öglichkeiten zu helfen - man lernt **e**rste **H**ilfe - Radt**our** - lustige Schnitzelja**gd**en - das sind **j**ährliche **H**öhepunkte - beim **wö**-

chen**t**lichen **T**reffen vorbeischauen - **Inter**e**sse** am Quiz - das **R**ote **K**reuz - **h**under**tt**ausende (auch: Hunderttausende) leisten unter diesem **Z**eichen **eh**renamtlichen **D**ienst am **N**ächsten - **r**und um die Uhr - **Th**e**a**ter - **V**erantwortung - **V**erletzungen - **ä**lteren Menschen helfen - **B**ehinderte - er ist organ**isiert**

Übungen und Regeln

B e a c h t e : *ss* bleibt erhalten.
S e t z e zuerst e i n , dann s c h r e i b e a b !

vergessen	→	*verg__ss__lich*	*wissen*	→	*w____begierig*
fassen	→	*unf__ss__bar*	*messen*	→	*m____bar*
verlassen	→	*verl__ss__lich*	*hassen*	→	*h____lich*

Der **erste** Buchstabe wird wieder geändert, sodass (auch: so dass) ein neues Wort entsteht. Die neuen **Anfangsbuchstaben** in der **rechten** Spalte bezeichnen einen Ort, an dem es sehr schön ist. Die Bilder in der Mitte können dir helfen.

Borte	B	orte
Maus	H	aus
Angel	A	ngel
Ulm	U	lm
Kasse	K	asse
Achse	A	chse
Kind	K	ind

Lösungswort: ________________ .

Siehe Lösungen nach Seite 44, S. ⑤.

Elefanten in Not

24 Wir bewundern diese Muskelprotze im Zirkus und finden es niedlich, wenn sie im Zoo schaukelnd ihren riesigen Kopf bewegen. Wir nehmen es als selbstverständlich hin, wenn diese mächtigen Tiere an je einem Vorder- und Hinterfuß an Ketten gehalten werden. Meist ahnen wir nicht, dass Elefanten gefährlicher als Großkatzen sind. Vor allem erwachsene Bullen stehen deshalb äußerst selten in Elefantenställen. Seit der Jahrhundertwende sind immerhin dreihundert Fälle bekannt, in denen Wärter schwer verletzt wurden oder ihre Tätigkeit mit dem Leben bezahlen mussten. An Kugeln oder Gift starben in der gleichen Zeit ebenso viele Elefanten, weil sie sich dem Kettenzwang, den Peitschenhieben und den Schlägen mit gespitzten Eisenhaken widersetzt hatten. Der Grund: Elefanten sind fast ausnahmslos in der freien Wildbahn gefangen worden und müssen nun unter Bedingungen leben, in denen sie wegen ihres hervorragend entwickelten Gehirns, ihres sehr guten Lernvermögens und ihres ausgeprägten Familiensinns verrückt werden. In freier Wildbahn müssen sie 16 Stunden täglich Futter verarbeiten und fressen, Hautpflege betreiben durch regelmäßiges Baden, Schrubben an Bäumen und durch Einstäuben mit feiner Erde. Solche Bedingungen haben Elefanten nur in ganz wenigen Zoos der Welt und nur dort gelingt es auch, dass sie sich fortpflanzen.

(196 Wörter)

Benotungs-	Fehler	0-3	4-8	9-14	15-20	21-25	ab 26
vorschlag	Note	1	2	3	4	5	6

Schwierige Wörter und Satzteile:

Vorder- und **H**interfuß – vor allem – **T**ätigkeit – ebenso **v**iele Elefanten – Peitschenh**ie**be – sich Schl**ä**gen mit Eisenha**k**en w**i**dersetzen – das her**vorr**agende **L**ernvermögen – wegen des ausge**pr**ägten Familiensi**nns** ve**rr**ü**ck**t – Hautpflege durch regelmäßiges **B**aden, **S**chru**bb**en und **E**inst**äu**ben – ausna**h**mslos – **äuß**erst selten in Elefantenst**äl**len – **Gr**oßkatzen – sich fortpflanzen – **Wä**rter – Muskel**protz**e

---

Übungen und Regeln

A c h t e auf das g bei *Tätigkeit* !
S c h r e i b e so:

tätig → die Tätigkeit
ewig → ____________
schnell → ____________
neu → ____________
gesellig → ____________
hartherzig → ____________

Zum Schluss ein Treppenrätsel. Hier werden schwierige Wörter gesucht, die du bisher gelernt hast. Mit dem Wort im stark umrandeten Feld wird etwas bezeichnet, was viele Menschen suchen.

1. Eine große Schneemasse, die ins Tal stürzt, ist eine ________ .
2. Den _____________ eines Flugzeuges überleben nur wenige.
3. Verwandle *berühren* in ein Namenwort: ______________ .
4. Die Biene ist ein I__________, ebenso der Käfer und die Fliege.
5. Ein Hut aus Stroh ist ein ________________ .
6. Könige und Kaiser sind H__________r über ihr Volk.
7. Viele Menschen leben in Armut, einige wenige in L__x____ .
8. Beim Straßenbau verwendet man T________ .
9. Pass über die Alpen nach Italien: Br________ .

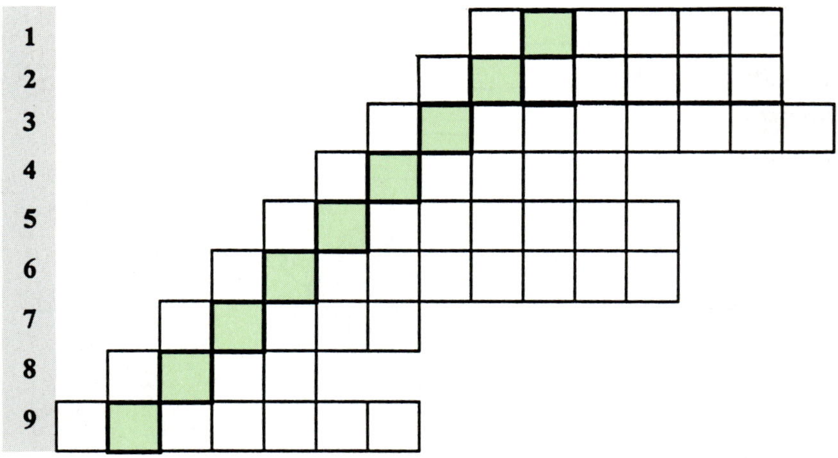

Das Wort im stark umrandeten Feld heißt ____________________ .

Siehe Lösungen nach Seite 44, S. ⑤.

Vorher anschreiben: Hippokrates

Nahrung ist die beste Medizin

25 „Lass Nahrung deine Arznei sein und Arznei deine Nahrung", das hat der berühmte griechische Arzt Hippokrates vor mehr als zweitausend Jahren gesagt. Erst heute fangen Wissenschaftler an zu beweisen, dass der Satz stimmt.
Unsere alltägliche Nahrung kann wie ein Medikament oder sogar noch besser wirken. Knoblauch tötet schädliche Bakterien oder Pilze ab, Zwiebeln sind ein wirksames Herzmittel, Gerste verbessert die Blutwerte und bereits zwei Fischgerichte pro Woche können gegen Herzkrankheiten vorbeugen. Sämtliche Kohlarten, egal ob Blumenkohl, Rettich oder Rosenkohl, vermindern das Risiko an Krebs zu erkranken erheblich. Der Verzehr von Olivenöl gilt im Mittelmeerraum seit viertausend Jahren als Voraussetzung für gute Gesundheit und heute weiß man, dass etwa tausend chemische Stoffe im Olivenöl dafür verantwortlich sind. Die Liste vieler anderer Nahrungsmittel, die man als Arznei betrachten kann, ist lang: Joghurt (auch: Jogurt), Honig, Nüsse, Rotwein, grüner Tee, Karotten, Feigen, Bananen, Tomaten, Hülsenfrüchte und viele andere.
Wer klug ist, isst abwechslungsreich und von allem, was gesund ist.

(159 Wörter)

Benotungs-vorschlag	Fehler	0-3	4-7	8-11	12-16	17-21	ab 22
	Note	1	2	3	4	5	6

Schwierige Wörter und Satzteile:
der **berühmte griechische** Arzt – **V**oraus**setz**ung – a**ll**täglich – **Bakte-rien** – **sämt**liche Ko**h**larten – man wei**ß, dass** es **t**ausend **ch**emische **S**toffe sind – la**ss** die Ar**z**nei – Med**izin** – Zw**ie**beln sind **wirksam** – Ka**rott**en – wer **k**lug ist, i**ss**t abwe**chs**lungsreich – Mi**tt**elm**ee**rraum – Medi**k**ament – Re**tt**ich – R**i**si**k**o – Jog**h**urt (auch: Jogurt) – grüner Tee – sei**t** vier**t**ausen**d J**ahren – Rotwein – Bananen

---

Übungen und Regeln

A c h t e auf *ll* bei Zusammensetzungen mit *all-* !
V e r b i n d e *all-* mit folgenden Wörtern:

täglich – gemein – jährlich – stündlich – Tag – wissend – zu – Wetterkleidung – Radantrieb

alltäglich – allge

B i l d e Nebensätze mit *dass* !

wissen – tausend chemische Stoffe
Man weiß, dass es tausend chemische Stoffe sind.

vermuten – viel mehr Mitglieder
Man verm , da

glauben – mehrere Täter

hoffen – weniger Verletzte

B i l d e kurze Aufforderungssätze! **A c h t e** auf die Ausrufezeichen!

1) *lassen* – *Arznei* → Lass die Arznei!
2) *fassen* – *Hand* → Fass die Hand!
3) *messen* – *Schrank* → Miss den Schrank!
4) *küssen* – *Jungen* → Küss den Jungen!

Siehe Lösungen nach Seite 44, S. ⑤.

Zum Schluss ein kleines Wörterdomino.

B i l d e **zusammengesetzte** Namenwörter (Substantive) und f ü g e sie richtig in die Dominosteine unten e i n ! S c h r e i b e mit Bleistift, dann kannst du radieren. Das letzte Wort sagt dir, woran wir alle leiden - du hoffentlich noch nicht.

Dach	*Wagen*	~~*Oliven*~~	*Ziegel*
Mangel	~~*Tank*~~	*Ziegel*	*Zeit*
Stein	*Wagen*	*Tank*	~~*Öl*~~
~~*Öl*~~	*Zeit*	*Dach*	*Stein*

S c h r e i b e mit **großen** Druckbuchstaben!

OLIVEN	**ÖL**	**ÖL**	**TANK** →
→ **T**			→
→			→
→			

Siehe Lösungen nach Seite 44, S. ⑤.

Papierherstellung und Umweltbelastung

26 Ist unser hoher Papierverbrauch ein Ärgernis? Wird deswegen unnötig Wald geopfert? Angesichts der schwindenden Weltholzreserven sind diese Fragen berechtigt. Aber die Sorge ist unbegründet. Nur der Tropenwald wird beängstigend knapp. Dagegen gibt es bei uns sogar zu viel Holz, vor allem so genanntes Schwachholz, das ja für die Papierherstellung ausschließlich in Frage kommt. Damit sind Bäume bis zu 18 Zentimeter Durchmesser gemeint. Diese müssen dringend geschlagen werden, damit besser veranlagte Bäume günstige Wachstumsbedingungen erhalten. Problematisch ist dagegen die Herstellung von Papier mit einem gewaltigen Frischwasserbedarf, enormer Abwasserbelastung und hohem Energieaufwand. Allerdings können moderne Papierfabriken die Umweltschädigung erheblich vermindern, indem sie zum Beispiel Wasser bis zu 90 Prozent wieder verwenden. Graues Umweltpapier, das aus Altpapier hergestellt wird, schädigt die Umwelt weitaus weniger. Sein Nachteil liegt eher auf technischem Gebiet: Beim Drucken entwickelt es viel Staub, auch reißt es häufig. Schließlich ist es für Farbfotos weniger geeignet. Zum Schluss sei bemerkt, dass Papier leicht verrottet und in dieser Hinsicht umweltfreundlich ist.

(162 Wörter)

Benotungs-	Fehler	0-3	4-7	8-11	12-16	17-21	ab 22
vorschlag	Note	1	2	3	4	5	6

Schwierige Wörter und Satzteile:
beim **Dr**ucken – 90 **Pr**ozent – **Ä**rger**nis** – vor allem so gena**nn**tes **S**chwachholz – **u**mweltfreundlich –18 **Z**en**t**imeter **D**urchmesser – sein **N**achteil liegt auf **t**echnische**m** **G**eb**ie**t – in dieser **H**insicht – be**ä**ngstigen**d** kna**pp** – Rese**r**ve – ausschl**ieß**lich – man kann es wieder **v**erwenden – es ist **v**e**rr**o**tt**et – eine **m**oderne Papierf**abrik** – **W**a**chs**tumsbed**in**gung – Papier**v**erbrauch

Übungen und Regeln

B e a c h t e das *m* im **3. Fall!** S c h r e i b e so:

technisch / Gebiet	→	*auf*	technischem Gebiet
groß / Eifer	→	*mit*	
wichtig / Auftrag	→	*mit*	
ruhig / Wasser	→	*in*	
groß / Fuß	→	*auf*	

B i l d e Zusammensetzungen mit *ver-* !
A c h t e auf *rr* !

ver + *rotten – raten – regnen – rechnen – renken – richten – riegeln – rosten – rühren*

S c h r e i b e so:

verrotten - verraten - ver

Nun wieder ein **Buchstabenquadrat**, aus dem du Wörter bilden sollst. Wenn du vergessen hast, wie das geht, dann sieh auf **Seite 50** nach. Diesmal sind **vier** Wörter aus unserem Diktat versteckt, die alle ein *ie* haben. Außerdem findest du noch eine Reihe weiterer Wörter mit *ie* und mit *ei*.

V	I	E	B
S	R	E	L
P	I	T	E
A	E	G	I
P	N	E	B

Zum Beispiel:
Tier oder Blei.

Siehe Lösungen nach Seite 44, S.⑤ und ⑥.

Zum Schluss eine Aufgabe, die Spaß macht!
E r g ä n z e die fehlenden Buchstaben!
S c h r e i b e in großen Druckbuchstaben!

1	Vogelart	E	L				
2	so machen sich Hunde bemerkbar		E	L			
3	Wasser, das aus dem Boden dringt			E	L		
4	verkleinerte Nachbildung (z.B. eines Autos)				E	L	
5	Staat des jüdischen Volkes (I . . . EL)					E	L
6	die Erde kreist um die Sonne, sie ist ein					E	T
7	Fahrzeug für Weltraumflüge				E	T	
8	Pflanze, bleibt an der Kleidung haften			E	T		
9	das Klima bestimmt das ...		E	T			
10	Teil einer Radstrecke (ETA . P .)	E	T				
11	ärztliche Bescheinigung für Krankheit	A	T				
12	nasser, weicher Schneebelag auf Straßen		A	T			
13	großes Loch nach einem Vulkanausbruch			A	T		
14	rote Gemüsefrucht				A	T	
15	Preisgabe eines wichtigen Geheimnisses					A	T
16	damit kann man eine gerade Linie ziehen					A	L
17	wer einen anderen angreift, wendet ... an				A	L	
18	ein Greifvogel hat am Fuß eine ...			A	L		
19	anderer Name für Schmetterling		A	L			
20	wer keinen Menschen bei sich hat , ist ...	A	L				

Entspanne dich mit ein paar „verdrehten“ Bildern!

Siehe Lösungen nach Seite 44, S.⑥.

Vorher anschreiben: Sapotillbaum

Die Geschichte des Kaugummis

27 Schon immer bissen die Menschen auf allem herum, was sie in den Mund nehmen konnten: auf Tabak, Süßholz oder Baumharzen. So entdeckte bereits Kolumbus nicht nur Amerika, sondern auch den Kaugummi, dessen Grundstoff noch heute der eingedickte Saft des Sapotillbaumes ist. Aber erst 1886 wurde nach jahrzehntelangen Experimenten mit den verschiedensten Stoffen der erste Kaugummi mit Pfefferminzgeschmack entwickelt. Im Mund der Deutschen fand er seinen festen Platz allerdings erst nach dem letzten Krieg. Als amerikanische Soldaten ihn ins Land brachten, wurde er von der deutschen Jugend begeistert aufgenommen. Dennoch machten seine Gegner es dem Kaugummi schwer, sich durchzusetzen. Sie warnten vor einem Zusammenkleben der Gedärme, wenn der Kaugummi verschluckt wird. Den Londoner Polizisten wurde er einfach verboten, er hätte ihre Trillerpfeifen verstopfen können. Der Geschmack des Kaugummis wird mittlerweile in unzähligen Abwandlungen geliefert. Die Deutschen blieben bei ihrer Vorliebe für Minz- und Fruchtgeschmack.

(147 Wörter)

Benotungs-vorschlag	**Fehler**	0-3	4-7	8-11	12-15	16-19	ab 20
	Note	1	2	3	4	5	6

Schwierige Wörter und Satzteile:

nach **j**ahrze**h**ntelangen **E**xperimenten - **a**meri**k**anische Soldaten - vor eine**m** **Z**usammenkleben der **G**ed**ä**r**m**e gewarnt - mi**tt**lerweile - **Ab**wandlung - gel**ie**fert - sie bl**ie**ben bei ihrer **V**orliebe - nach de**m** letzten Krieg - die **d**eutsche Jugend - Pfe**ff**erminzgeschma**ck** - sie bi**ss**en - Ta**bak** - Sü**ß**holz - Ameri**k**a - de**nn**och

Übungen und Regeln

A c h t e auf die **Groß**schreibung!
S c h r e i b e so:

zusammenkleben / Gedärme → *Man warnte vor dem*

Zusammenkleben der Gedärme.

abreißen / Kabel → *Er warnte vor dem*

______ des Kabels.

eindringen / Wasser → *Ich warnte vor dem*

______________________________.

umkippen / Gewässer → *Man warnte vor dem*

______________________________.

überlaufen / Behälter → *Er warnte vor dem*

______________________________.

Zum Abschluss darfst du ein großes Kreuzworträtsel lösen.
F ü l l e es in **Großbuchstaben** a u s und s c h r e i b e mit Bleistift.
Abk. bedeutet ***Abkürzung***. Wo ein Wort fehlt, stehen drei Punkte: ...
Beispiel: *Der König trägt eine ... .* Lösung: *Krone.*

In die Kästchen mit Stern wird nicht hineingeschrieben.

Viel Spaß!

Siehe Lösungen nach Seite 44, S. ⑥.

✵	✵	✵	Spielbausteine ↓	 ↓	✵	✵	alter Name: Wohnzimmer ↓	✵	✵	 ↓	✵	Fragefürwort ↓
 →	P	o	L	I	Z	i	S	t	Erdteil ↓	B	Pflanze, aus der Zigaretten sind ↓	W
✵	✵	Abk. für europ. Gemeinschaft →	E	g	Kerbe, Fuge ↓	Erdteil ↓	t	 →	A	u	T	O
✵	✵	exakt → / kaut man lange ↓	G	e	n	a	u	Abk. für United States of America →	U	S	a	✵
✵	Entdecker Amerikas →	K	O	L	U	m	B	u	S	 ↓	b	✵
Abk. für unter anderem →	U	a	✵	meist warmes Getränk →	T	e	e	Vergangenheit von treffen →	t	R	a	f
Gegenteil von schlecht →	G	u	T	Nahrungsbestandteil ↓	✵	r	Land → / Lebensanfang ↓	I	r	a	k	✵
Abk. für römisch-katholisch ↓	was krank macht, ist ... →	g	i	I	t	i	G	Gegenteil von auf →	a	b	 ↓	✵
der Nikolaus droht mit der .. →	R	u	T	e	unterster Teil eines Hauses →	K	e	L	L	e	R	✵
Abk. für Kilometer →	k	m	Gangart d. Pferdes → / Veränderung am Haus ↓	t	r	a	b	Hautverletzung gibt eine ... ↓	i	✵	e	Gegenteil von billig ↓
wer nichts hört, ist ... ↓	Gegenteil von Feigheit →	M	U	t	✵	Gegenteil von echt → / Kahn ↓	U	n	e	c	h	t
männlicher Vorname →	B	i	m	✵	Namenwort für brennen →	B	r	a	n	d	Mädchenname ↓	e
✵	a	✵	b	Senkrechte →	L	o	t	r	✵	✵	U	u
weiblicher Vorname →	U	t	a	✵	✵	O	Gegenteil von danke →	B	i	t	t	e
Körperflüssigkeit →	B	L	u	t	Schauspiele gibt es im ... →	T	H	e	a	t	e	r

B) Regelteil

Überblick über die *s*-Laute

wird ein *s*-Laut **weich** gesprochen, so steht		wird ein *s*-Laut **scharf** gesprochen, so steht			
nach **langem** Selbstlaut	nach **Doppellaut**	nach **kurzem** Selbstlaut **in der Regel**	nach **kurzem** Selbstlaut in **Ausnahmefällen** auch	nach **langem** Selbstlaut	nach **Doppellaut**
s		***ss***	***s***	***ß***	
Rose *lesen* *käsig*	*Schleuse* *reisen* *weise*	*Kuss* *er fasst an* *sie biss*	*Küste* *fast fertig* *bis bald*	*das Floß* *grüßen* *mäßig*	*Strauß* *reißen* *draußen*

Endsilben geben Auskunft über **Groß-** und **Kleinschreibung**

Die folgenden **Endsilben** finden sich nur bei **Substantiven**: Deshalb **schreibt** man immer **groß!**

-ung	***-heit***	***-keit***	***-nis***	***-schaft***	***-tum***
Zeitung *Richtung* *Meinung*	***Neuheit*** *Frechheit* *Sicherheit*	***Heiterkeit*** *Übelkeit* *Ehrlichkeit*	***Finsternis*** *Zeugnis* *Hindernis*	***Herrschaft*** *Gemeinschaft* *Kundschaft*	***Volkstum*** *Irrtum* *Brauchtum*

Großschreibung der **Eigenschaftswörter** (Adjektive)

Eigenschaftswörter schreibt man **groß**		
wenn *das, der, die alles, nichts, viel, etwas, wenig* usw. davor steht	bei **Paarformeln**, (z.B. *Jung und Alt*), die für **Personen** stehen	bei **Farb**- und **Sprachbezeichnungen**, die mit einem **Verhältniswort** (z.B. *bei, auf*) verbunden sind
das S*chöne* ***der U****nglückliche* ***alles G****ute* ***nichts N****eues* ***wenig B****rauchbares*	*eine Freude für **G**roß und **K**lein, es gilt für **A**rm und **R**eich*	*die Straße nicht **bei R**ot, sondern **bei G**rün überqueren* *eine Unterhaltung **auf D**eutsch*

Großschreibung der Zeitwörter (Verben)

Zeitwörter in der Grundform schreibt man **groß**, wenn sie die Rolle von **Satzgliedern** (Satzgegenstand, Ergänzung) übernehmen			
dies ist der Fall, wenn			
die Geschlechtswörter *das* oder *ein* davor stehen	ein Eigenschaftswort (z.B. *laut*, *gut*) oder ein Fürwort (*sein*, *dies*) davor steht	Verhältniswörter (z.B. *mit*, *durch*) oder *am*, *beim*, *zum*, *vom* *im* davor stehen	das Zeitwort ohne Zusatz steht, aber **Satzglied** ist
das L*ernen macht Spaß,* ***ein** leises **W**immern war zu hören*	***lautes S****chnarchen stört mich,* ***sein B****etteln hatte Erfolg*	***mit Z****ittern und **Z**agen,* *wir waren **beim T**anzen*	*nicht immer führt **N**achdenken* (wer oder was?) *zum Erfolg*

C) Wichtige Hinweise für Eltern zum Gebrauch der Diktatsammlung

1. Was wird gebraucht?

Ihre Tochter oder Ihr Sohn braucht ein einfaches **Schreibheft** oder einen **Schreibblock**. Zum Schreiben sollte nur ein **Bleistift** verwendet werden. Warum? Weil dann etwaige Fehler mit **Radiergummi** wieder beseitigt werden können. Es ist nämlich wichtig, dass Schülertexte **frei von Rechtschreibfehlern** sind. Unser Gehirn macht keinen Unterschied zwischen **richtigen** und **falschen** Wortbildern, die es über das Auge wahrnimmt – es prägt sich beide ein! Deshalb genügt es nicht, wenn Fehler lediglich durchgestrichen werden, sie müssen im Text selber verbessert werden.

2. Wie wird diktiert?

Erkundigen Sie sich, wie in der Klasse diktiert wird, ansonsten können Sie sich beim Diktieren an folgendes Ablaufschema halten:

Das müssen **Sie** tun:

Das muss **Ihr Kind** tun:

- Zuerst wird das **ganze** Diktat vorgelesen. Bitte sprechen Sie unbedingt **deutlich!** **Inhaltliche** Schwierigkeiten sollten gleich jetzt geklärt werden.

→ Ihr Kind braucht zunächst nur **zuzuhören**.

- Vor dem eigentlichen Diktat müssen Sie Ihrem Kind unbedingt folgende Hinweise geben:
  - Auf ähnlich klingende Endungen, die man leicht verwechseln kann, achten (z.B. *dem-den / einem-einen*)!
  - Die **Satzzeichen** nicht vergessen!

- Immer die Oberzeichen (bei *i, ö, ü, ä*) setzen!

- Die einzelnen Sätze sollten Sie so diktieren:
  - Sagen Sie jeweils einen **ganzen Satz** an! Sprechen Sie deutlich!

    → Ihr Kind muss **genau zuhören, mitdenken** und auf die **Endungen** achten.

  - Sagen Sie einen **sinnvollen Satzteil** an, vergessen Sie die Satzzeichen nicht!

    → Ihr Kind muss zuhören, sich jedes Wort merken und auf Endungen und Satzzeichen achten. Anschließend soll es den von Ihnen vorgelesenen **Satzteil** laut oder leise **nachsprechen**.

  - Bitte kontrollieren Sie Ihr Kind beim Nachsprechen. **Hörfehler** können dann korrigiert werden.

    → Anschließend kann Ihr Kind den Satzteil **niederschreiben**.

  - Sie sollten jetzt keine Rückfragen mehr beantworten.

- Zum Schluss wird das ganze Diktat noch einmal **langsam vorgelesen**. Ob mit oder ohne Satzzeichen, hängt davon ab, wie Ihr Kind es von der Schule her gewöhnt ist.

  → Wichtig ist, dass Ihr Kind darauf achtet, dass es keine Wörter **ausgelassen**, **verwechselt** oder nicht im Text enthaltene **dazugeschrieben** hat. Es sollte auf **Endungen** und den **unterschiedlichen Klang** achten (z.B. *de**n**-de**nn*** und *we**n**-we**nn**)*.

- Wenn Sie einmal keine Zeit zum Diktieren haben, kann ihr Kind auch alleine arbeiten.

  → Es soll:
  jeweils **einen** Satz **genau lesen,**
  ihn anschließend **abdecken**,
  ihn dann **auswendig** aufschreiben
  und **sofort** verbessern.

3. Wie wird bewertet?

- **Mehrere** Fehler in **einem** Wort zählen als **ein** Fehler.
- Wird dasselbe Wort im Diktat **mehrmals** falsch geschrieben, so wird nur **ein** Fehler gezählt.
- **Ausgelassene, zu viel** oder **ersatzweise** geschriebene Wörter ergeben je **einen** Fehler.
- **Fehlende Oberzeichen** (bei *ä,i,ö,ü*) sind **halbe** Fehler.
- Falsche, fehlende oder an einer falschen Stelle gesetzte **Satzzeichen** sind **halbe** Fehler.

Die beigefügten **Notenschlüssel** sollen nur eine unverbindliche Richtlinie sein. Bei schwächeren Schülern sollte auf jeden Fall ein „milderer" Maßstab angelegt werden, um den Schüler nicht zu entmutigen.

4. Wie wird verbessert?

Grundsätzlich wird im Diktat selbst verbessert: Das falsch geschriebene Wort wird **ausradiert** und dann richtig niedergeschrieben.
Anschließend sollte man das **ganze Wort** oder die **Fehlerstelle unterstreichen**, damit man die Fehlerwörter später noch erkennen kann.

Es sollte zur Gewohnheit werden: **Nirgends darf ein falsch geschriebenes Wort stehen**. Denn auch Falsches prägt sich - leider - ein.

Eine weitere Verbesserungsmöglichkeit bietet die Anlage einer **Lernkartei**:

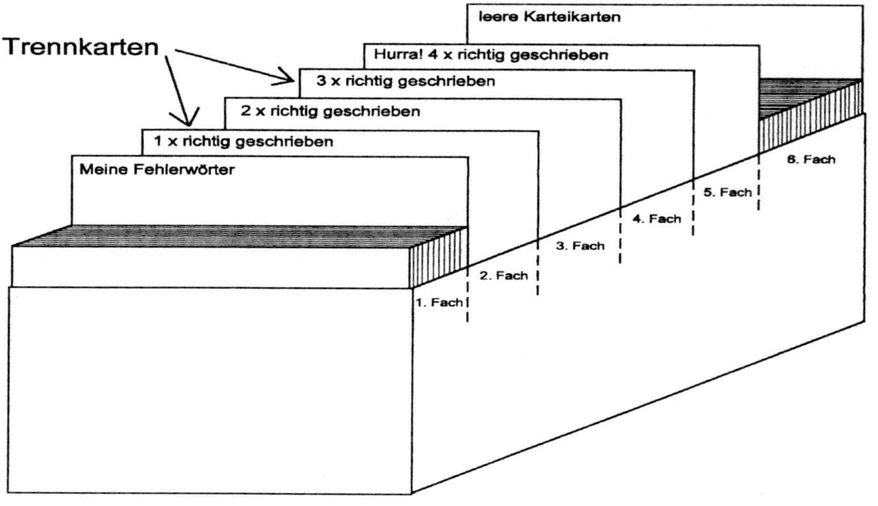

Die Lernkartei ist die sinnvollste Art und Weise seine Rechtschreibkenntnisse zu erweitern. Genaue Hinweise über die **Arbeit mit der Lernkartei** finden Sie in *Hauschka Lernhilfen Nr. 243, Diktate für die 3./4. Klasse.*
Eine Lernkartei – wie die auf Seite 76 abgebildete – kann man sich in einem Schreibwarengeschäft besorgen oder selbst anfertigen.
Wichtiger Hinweis: Diese **Lernkartei** ist **nicht** beim **Verlag erhältlich**!

5. Wie wird der Verbesserungserfolg kontrolliert?

Auch hier ermöglicht die Lernkartei eine fortlaufende Kontrolle der Lernfortschritte des Schülers.
Wenn Sie keine Lernkartei anlegen wollen, so finden Sie unter den Diktattexten jeweils die **schwierigsten Wörter** dieses Diktats aufgelistet. Wenn Sie diese in gewissen Abständen diktieren, so haben Sie ebenfalls eine recht gute Kontrolle über die Lernfortschritte.

6. Wie wird geübt?

Eine Diktatsammlung ist natürlich kein Übungsbuch für die Rechtschreibung. Gleichwohl finden Sie zu jedem Diktat eine Reihe von Übungen, die vom Schüler ganz alleine bearbeitet werden können. Die Übungen sollen Rechtschreibprobleme im jeweiligen Diktat beseitigen helfen.

Zum Schluss muss aber noch bemerkt werden, dass die Arbeit mit der **Lernkartei** immer auch zugleich die **beste Übungsform** ist.

7. Was kann man zusätzlich tun?

Eine wirksame Hilfe bietet für Schüler mit Rechtschreibschwierigkeiten der **Übungswortschatz** auf den Seiten 78 bis 87.
Dort finden Sie in alphabetischer Reihenfolge **Wörter aus den Diktaten** (und andere), die

- in unserer Sprache **am häufigsten gebraucht**
- und zudem **oft falsch geschrieben** werden.

Diktieren Sie bitte immer wieder Wörter aus dieser Liste und kreuzen Sie die falsch geschriebenen Wörter an oder nehmen Sie sie in die Lernkartei auf!

D) Übungswortschatz
Häufige Fehlerwörter

Hinweis: Die Wörter können so diktiert werden, wie sie im Verzeichnis aufgeführt sind. Um Missverständnisse auszuschließen, kann man sie vorher in einen sinnvollen Zusammenhang stellen und dann erst diktieren, z.B.

ahnen ⟶ *sie ahnt etwas*
bevor ⟶ *bevor wir telefoniert haben*

In der Spalte rechts neben den Wörtern können Sie vermerken, ob beim Diktat Fehler gemacht wurden (z.B. mit einem senkrechten Strich) oder nicht (z.B. mit einem Häkchen). In den Lücken können Sie Fehlerwörter, die Sie vermissen, selbst nachtragen.

Beachten Sie: Hat sich die Schreibweise der Wörter nach der **neuen Rechtschreibung** geändert, so wird dies durch **Fettdruck** angezeigt.

Sind nach der neuen Rechtschreibung **zwei** Schreibweisen möglich, so wird dies durch *auch* angezeigt, z.B. vierjährig, auch: **4-jährig**

Zusätzlich wird der **Schwierigkeitsgrad** der Wörter angegeben.

Beispiel: baden → leicht
billig • → schwierig
außen •• → sehr schwierig

A

am Abend					
abends					
getr.: **a-bends**					
eines Abends					
Abenteuer ••					
abschleppen					
abgeschleppt •					
Absturz ••					
abwärts ••					
Abwehr •					
Acht geben/haben •					
Acker getr. A-cker					
ahnen					
Ahnung •					

getr. Ah-nung					
ähnlich ••					
alle					
allein					
allerdings •					
im Allgemeinen •					
allmählich ••					
als					
das Alter					
andere					
der, die andere •					
anfangen					
der Angriff •					
Angst					

Ankunft
Antwort
Arbeit
der Ärger •
ärgerlich

Ärgernis •
Asphalt ••
aufpassen
sie passt auf •
aufwärts ••

Augenblick •
Auseinandersetzung •
außen •
äußerst •
außerdem •

Ausnahme •
ausnahmslos •
achtzehn
allgemein
Arznei

B

Babys
Bahn
Ball
beängstigend •
Bedürfnis •

behalten
du behältst •
beide Mal •
beißen
sie bissen

der Biss •
zum Beispiel •
bekommen
belohnen
beobachten

bequem •
bereits ••
Berührung •
beschädigt •

beschwerlich •
besonders
besser
Besuch
betäubt

Bett
bevor •
bewegen
Bewegung •
bisher

ein **bisschen** ••
du bist
Blatt
bleiben
er blieb •

blicken
er blickt •
Blitz
bloß •
bluten

Blut
Bonbon
Brennnessel •
auch: **Brenn-Nessel**
Brief

bringen
sie bringt
Bundesrepublik ••

D

damit
dann
daran
darüber
dasselbe •
davon •
dennoch •
deshalb •
deutsch/Deutsch
dick
Dienst
diese
Ding
diskutieren •
draußen •
drehen
  er dreht •
  Drehung •
der/jeder Dritte •
er droht mir •
Druck •
dünn
Durchmesser
Durst
ein Dutzend •

E

Ecke, getr.: **E-cke**
ehrlich
  Ehrlichkeit •
eigentlich ••
einmal
einzig
Eis laufen
elektrisch •
Eltern
am Ende
endlich •
entdecken •
entfalten •
entfernt •
  Entfernung •
entscheidend •
  Entscheidung •
entsetzlich ••
Erfahrung •
erfinden
Erfolg •
erinnern
  Erinnerung •
Erlaubnis •
Erlebnis •
Erschöpfung •
erschrecken
  er erschrak •
erst
  der Erste/als Erster
  die erste Hilfe •
erzählen
  Erzählung •
essen
  du isst •
  sie aß •
Experiment •

F

Fabrik •
fahren
die Fahrt •
fallen
er fällt •
sie fiel •
der Fall •
die Fälle •
falls •
falsch
Familie
Familiensinn
fangen
sie fing
Farbe
fassen
sie **fasst** •
fast fertig ••
fehlen
Ferien
ferner
Fernseher
es ist fest
das Fett
Feuchtigkeit •
Film
wir fliegen
Fluss •
wir folgen
Forelle
fort •
Fortschritt •
fortwährend ••
Fotografie •
auch: Photographie
die Frage
Freiheit
fremd
fressen
das Tier **frisst** •
Freund
freundlich
frieren
sie fror •
gefroren
frisch
fröhlich
früher
Frühling
führen
Fuß
die Füße

G

es ist ganz
gar nicht(s) •
geben
sie gibt
Gebiet
Geburt
Geburtstag
Gedächtnis •
Gedanke
Geduld
gefährlich •
gefräßig •
Gegend
gehen
er geht
sie ging
gehören
Geräusch •

gern
Gesicht
Gestalt •
gestern getr.: **ges-tern**
gewesen
Gewitter
Gift
glänzen
es glänzt •
Glück
glücklich
Gott
groß
Großstädte
Gruppe
gucken
sie guckt
alles Gute •
nichts Gutes •

H

Haare
haben
er hat
der Haken •
sie hakt sich ein •
Hälfte •
halten
sie hielt •
hängen
es hängt •
hart
Hass •
hässlich ••
häufig ••
zu Hause •
heftig •
heißen
du heißt •
sie hieß ••
helfen
er hilft
Hilfe
die **erste Hilfe** •
Hemd
der Herr
herrlich ••
herum •
hervor ••
hervorragend ••
Himmel
Hinsicht •
Höhepunkt •
hohl •
die Höhle •
Holz
holzig •
hören
Hunger haben
hungrig •

I

Idee •
bei ihnen
immer
Insekt ••
interessant ••
Interesse ••
interessieren ••

J

Jagdrevier ••
Jahr

jährlich •

K

Kälte •
Katarrh ••
auch: **Katarr** •
kennen
sie kennt mich •
kennen lernen •
Ketschup •
auch: Ketchup •
knapp
kommen
sie kam •
können
ich kann
du kannst •
ich konnte
Kraft •
Kräfte •
kräftig •
Krankheit •
kriechen
gekrochen
kriegen
du kriegst •
gekriegt
kritisieren ••
kurz

L

Länge •
lassen
er **lässt** •
sie ließ •
laufen
sie lief •
Ski/Eis laufen
Lawine •
leben
das Leben
lebenswichtig •
leicht fallen •
Leid tun •
Leistung •
getr.: **Leis-tung**
liegen lassen •
Lob
Luft
luftig •
lustig

M

das letzte Mal ••
einige Male ••
man holt es •
Mangel
bemängeln •
Maschine •
maßgeblich ••
mäßig •
Material •
Mathematik •
meistens •
getr.: **meis-tens**
messen
sie **misst** •
das Maß •
Million
misslingen •

mittags
möglich
  Möglichkeit •
morgens
müssen
  ich **muss**
  du **musstest** •

N

der **Nächste** •
als **Nächstes** •
Nachteil •
nämlich ••
nehmen
  er nimmt •
  sie nahm •
die Neugierige •
niemals •
niemand •
nirgends ••

O

offen
  er öffnet
oft •
organisieren
orientieren

P

Papier
die **Partys**
der **Pass** •
passen
  es **passt** •
passieren •
  es passierte •
Pflanzung •
Photographie •
→ Fotografie
Platz
plötzlich •
Polizei
  Polizist •
die **Ponys**
produzieren •
Prozent •
Pullover ••

Q

qualvoll •
Quelle •
quer •
Quiz

R

Rad fahren/schlagen
Radtour •
rasen
rau •
Recht haben/
behalten •
regelmäßig •
wir reisen heute
  die Reise
reißen
  es reißt •
  der **Riss** •
  rissig •
Reserve •
Rhythmus ••

riesig •
roh •
das Rote Kreuz •
rückwärts ••
ruhig •
rutschen
  sie rutschte •

S

sammeln
sämtlich ••
sandig
sauber machen •
schälen
schätzungsweise •
Schi/Ski laufen •
schick, auch: chic •
Schifffahrt •
auch: **Schiff-Fahrt**
Schluss •
Schmerz •
schnäuzen •
schrecklich
Schwanz
schwer nehmen/
fallen •
seid nett •
seit gestern •
selbst
sesshaft ••
Sinn
sitzen
  sie sitzt
  setzt euch
sodass, auch: so dass •
er sollte •
Spaghetti ••
auch: **Spagetti** •
spät
spazieren gehen/
fahren •
Spaziergänger •
Sport
Spott
Stängel •
stehlen
  du stiehlst ••
  er stahl
stets •
Stimme
stoßen
  sie stößt •
  wir stießen •
streng •
Stress •
stürzen
  sie stürzte •
  Sturz •
süß

T

Tabak •
Tablette •
Tätigkeit •
ein Teil
Teppich •
Theater •
die Tiefe •

töten
tot •
der Tod •
tragen
sie trägt •
träumen
treffen
er trifft •
trocken, getr.: **tro-cken**
trotzdem •

U

überall •
überhaupt ••
überqueren •
überrascht ••
überraschend ••
überwiegend •
übrig
übrigens •
umweltfreundlich •
ungefähr •
ungewiss •
Unglück •
Unterricht •
Unterschied •
üppig •

V

Verantwortung •
Verbrauch •
vergessen
er **vergisst** mich ••
vergesslich ••
Vergnügen •
das Verhalten •
der Verkehr •
verletzt
Verletzung •
verlieren
vernünftig ••
verrückt •
verschonen
die Verwandten ••
verwandt ••
verzeihen
verzeiht •
das Vieh ••
vielfältig ••
vielleicht ••
vierjährig •
auch: **4-jährig** •
völlig •
Voraussetzung •
vorbei •
Vorliebe •
vorn
Vorrat •

W

wachsen
es wächst •
Wachstum •
es ist wahr
während •
wahrscheinlich ••
Wärme •
wässrig •
sich widersetzen •
widersprüchlich •
wirklich
Wirklichkeit •
wissen
du weißt •

ich **wusste** •
wöchentlich •
mir ist wohl
wollen
er will
er wollte •

Z

zäh •
zahlen
du zahlst •
zählen
du zählst •
die Zahl
zahm
gezähmt •
Zeit
Zentimeter

zerreißen •
ziehen
du ziehst •
er zog
zielen
gezielt •
das Ziel •
ziemlich ••
Zigarette ••
Zoo
zu Hause •
Zukunft ••
zurück •
zusammen
zwar
zwischen •

Fachausdrücke

Auslassungszeichen	Apostroph
Beifügung	Attribut
Bindewort	Konjunktion
Eigenschaftswort	Adjektiv
Gegenwart	Präsens
Geschlechtswort	Artikel
Mitlaut	Konsonant
Mittelwort	Partizip
Namenwort	Substantiv
persönliches Fürwort	Personalpronomen
Umstandswort	Adverb
1.Vergangenheit	Präteritum
2.Vergangenheit	Perfekt
3.Vergangenheit	Plusquamperfekt
Zeitwort	Verb

Stichwortverzeichnis